天狗党事件と高崎藩

まえがき

明治まで僅か四年前の元治元年陰暦十一月十六日、曽祖父は現在の下仁田町の戦場で、敵の銃弾を兜の左額に受け戦死した。後に下仁田戦争と称される高崎藩と水戸天狗党との戦闘である。下仁田での戦没者慰霊祭や観音山清水寺田村堂の慰霊木像参拝に、取りまとめ役の父に連れられて参列し、成人してからは手伝いをしてきた。父の死後は両行事のお世話をすることとなり、知らず知らず下仁田戦争や天狗党について調べるようになったが、周囲からの問いに答えるための知識を重ねてきたのに過ぎなかった。ある時、「高崎藩は何故下仁田へ出陣したのか」と聞かれ答えに窮した。「貧乏くじだったのでは？」と言われると「武士道からですよ」などと繕っていた。しかし、実際は如何であったのか自分でも疑問を持つようになり、口伝しているだけでよいのかと思うようになった。

そこで、まずは疑問を解決することに挑んだ。何故高崎藩に浮浪之徒追討の命令が、しかも追討軍の長として下ったのか。そもそも、不逞な行為を行っている集団の首謀者は水戸藩士であるから水戸藩は取り締まるべきではないか。水戸藩領外でも暴徒化しているのだから幕府は早く取り締まるべきであったのでは。そして、諸藩の力を借りる必要があるなら、地理上至近にあり藩規模も大きい藩が命令されるのが順当ではないか。であるのに、追討命令が高崎藩に、しかも軍の長として下された背景は何であったのか。

これらの疑問を解明することによって、当時の政治社会情勢の一端を知り、高崎藩が天狗党事件に巻き込まれた背景を探ることを試みた。浮浪之徒の蛮行がエスカレートし賊徒として追討される集団になり、幕府は取り締まる力が弱く、老中は頼りない。そして、浮浪之徒追討に招集された藩とされなかった藩があることが判ってきた。天狗党については、小説や映画となり、テレビの歴史番組にも採り上げられ、様々な先行研究もあるが、幕閣や諸藩の天狗党に直接関係する記述は少なく難渋した。世の中を動かす力には人間関係があることから、それを洗い出すことによって得られる状況証拠を以って幕閣の意識や諸藩の出陣背景を詰めてみた。

もう一つの解明は高崎藩側の記録からである。祖父が元高崎藩士から贈呈された堀江不可止陸軍大佐の『小坂戦争記』、石原應恒陸軍少将の『下仁田戦争感想録』、下仁田戦役高崎藩第三番手の小頭武者（隊長）深井景員の『下仁田戦争記』、那珂湊の戦い徒士頭兼使番寺田五右衛門の『甲子筑波遣中日記』のほか、「三の御台場絵図」や「善福寺米国公使館守衛境内」「下仁田戦争古戦場図」などの史料から、高崎藩の立場や下仁田戦争に至った理由を探りつつ、今まで埋もれて来た史料を世に出すことに努めた。

私的な面が強い内容であるが、天狗党事件と高崎藩の関係から、幕末動乱期に地方で起きた混乱を垣間見ていただきたい。

令和二年八月　コロナ禍で自粛しながら

堤　克政

はじめに

幕末の水戸藩内の確執や権力闘争は、国の外交政策に対する主張を通す行動と重なり、庶民、諸藩、幕府を渦中に引きずり込む大事件となった。〝尊王攘夷〟の御題目を掲げ金品を強要するだけでなく、町に放火するなどの水戸浮浪之徒の乱暴狼藉に対し、一部で立ち向かう人々もあったが、多くの庶民は侵されるままになった。関東の諸藩は、幕府から注意の示達を受けたものの自藩のことに汲々とし、小規模藩では殻に閉じ籠り嵐の通過を願う状態であった。庶民も諸藩も、御三家水戸様の家臣が幕府に歯向かうだけでなく、武士たる者が民衆から金品を強奪し焼打ちまで行う、戦乱時まがいの蛮行をとることは理解し難かったであろう。

江戸府内に於いて幕府要人や外国人を襲撃するテロ行為が発生していた頃、幕府の水戸浪士に対する意識は、長州の反乱と連携されることへの懸念であった。民衆に対し狼藉を働く水戸浮浪之徒について、受動的ではあるが情報は入手していたものの左程重きを置いていなかった。そのため、水戸藩領外における迷惑行為の情報を受けながら、領内を警備しつつ狼藉は諭し、事によっては撃ち殺しても良いという曖昧な通達だけで済ませていた。常州内に止まらず、房州・野州・上州と広域に及ぶ大事になる前に、幕府は制すことが出来なかったのだろうか。もし幕府初期の土井利勝・酒井忠勝・松平信綱といった強力な幕閣がいたならば、また、家門や連枝に保科正之のように将軍を支える人物がいたならばと思うが、現実は頼りない老中と足を引っ張る連枝・家門たちであった。また、関東の主要譜代藩でも藩内に攘夷で突出する者を抱え、あるいは水戸藩との姻戚関係や天狗党の主張する攘夷に理解を示す藩もあり、幕府は協力を求めにくかった。

「天狗党」が起こした事件は、民衆暴動ではなく、地域紛争でもなく、歴然とした政治闘争でもない。様々な多くの人々に不幸を及ぼした他に類を見ない異常な事件である。急進派の中心天狗党と保守門閥派が中心の「諸生党」の対立が悲惨な結末を迎えたこともあり、小説やドラマになり、多様な著述や論考が発表されてきた。しかし、この騒擾に巻き込まれた民衆側からの視点での記録は限定的である。また、鎮圧に動いた幕府が、如何に事件を捉え対応したかは断片的であり、追討に関連した諸藩についても研究が余り見られない。

何故水戸藩は身内が関わる狼藉を抑えられなかったのか。何故幕府軍は先頭に立って追討しなかったのか。何故藩によっては招集され何故招集されなかったのか。何故常州から遠く離れた高崎藩が招集されたのか。そして、何故高崎藩は主力部隊と指揮官不在の中で、下仁田まで敢えて追走し、しかも兵法に基づく戦闘を採れず、結果として逃走を許したにも拘わらず褒美を授かったのか。この事件に関係した住民・諸藩・幕府の状況、そして那珂湊の戦いを経て下仁田戦争にまで至った経緯や背景を、前述の視点から探り、曽祖父が下仁田の地で戦死した末裔として抱いてきた先祖らの対応に対する疑問の解明を試みる。そして、筆者に寄せられる「高崎藩の下仁田戦争での戦死は〝貧乏くじ〟か、それとも〝武士道〟からか」の問いに応えたい。

序章　天狗党と下仁田戦争

上州甘楽郡小坂の地での戦いは、後日「下仁田戦争」と呼ばれる。戦った当事者は、「天狗党」と呼ばれる元水戸藩士を中心とした武装集団と高崎藩である。水戸藩は徳川御三家の一つであり高崎藩は徳川譜代の中堅藩である。徳川体制の中心にいた両藩の関係者が何故武力衝突に至ったのであろうか。水戸藩の成り立ちや立場は如何なるものであったか、天狗党が生まれた背景から武装集団になった経緯などから、天狗党とは一体全体どんな集団であったのだろうか。一方、幕命により常州戦線や那珂湊の戦いに参戦し、下仁田まで天狗党を追跡し戦った高崎藩は、どのような藩であったろうか。

一、水戸藩とは

将軍留守居役

天狗党事件は水戸藩士が基となる集団が起こした一連の事件で、「天狗党の乱」と呼ばれることが多い。その構成員を生んだ水戸藩は慶長七年（一六〇二）に始まる。水戸を含む常陸国の北部は戦国時代までは佐竹氏が支配していた。佐竹氏は関ケ原の戦いで東軍に与しなかったため、羽後国久保田（秋田）へ減転封させられた。その後に徳川家康は五男の松平（武田）信吉を十五万石で配したが二十一歳で死去したため、その後に僅か二歳の十男頼宣を二十万石で入封させた。慶長十四年（一六〇九）に頼宣は駿府藩へ転封し（頼宣はその後紀州藩へ転封となり紀州徳川家の祖となる）、十一男の頼房が二十五万石で入った。

徳川体制を支える大名の多くは家康の親戚筋や家臣から成り上がった大名で構成されたが、水戸藩は家康の息子たちが藩主に就いて始まった藩で、尾張藩および紀州藩と共に御三家と言われる。しかし、従二位権大納言家の尾張・紀州に対し、水戸藩主は従三位権中納言家で一格下の扱いであった。頼房は若年の時に江戸で育ち、三代将軍家光とは叔父甥の関係ながら一歳違いであったため頼りにされたという。いつの間にか定府（参勤交代を行わず江戸常在）が続き、将軍の留守居役として水戸徳川は俗に「副将軍」と呼ばれるようになった。

所領は譜代大藩レベル

水戸藩領は、三代藩主綱條時代の元禄十四年（一七〇一）に、無理をして表高を三十五万石としたため、内高との大きな差は藩財政に負担となり、初期から大幅な赤字で、この状態は廃藩まで変わらなかった。また、何事も三十五万石の家格をもって藩政を行う必要があり、このことも負担であった。尾張藩六十二万石は尾張国のほぼ全域を有し（隣接する美濃国の大半も領地）、紀州藩五十六万石も紀伊国全域を有する（隣接する伊勢国も領地）が、当藩の領地は、常陸国北部に位置する久慈郡と那珂郡全域及び多賀郡と茨城郡のそれぞれ約四割に過ぎず、南部の新治郡十四か村、行方郡二十五か村、鹿島郡六村は、周囲に他藩領や幕府領及び旗本知行所が混在する飛地状態であった。真壁・筑波・信太・河内の四郡には所領がない。御三家とは言え所領的には譜代大藩レベルであった。立地は尾張藩と紀州藩に比べ戦略的要衝性は高くはなく、将軍補佐のための定府であるならば、藩経済を支える所領は地味と距離を考慮し、江戸に近い地に配されても良かったであろう。江戸定府は、物価の高い生活を家臣に強いることとなり、また、藩政が水戸と江戸の二元体制となり、時代が進むにつれて藩内重役の間に確執を生む温床にもなった。

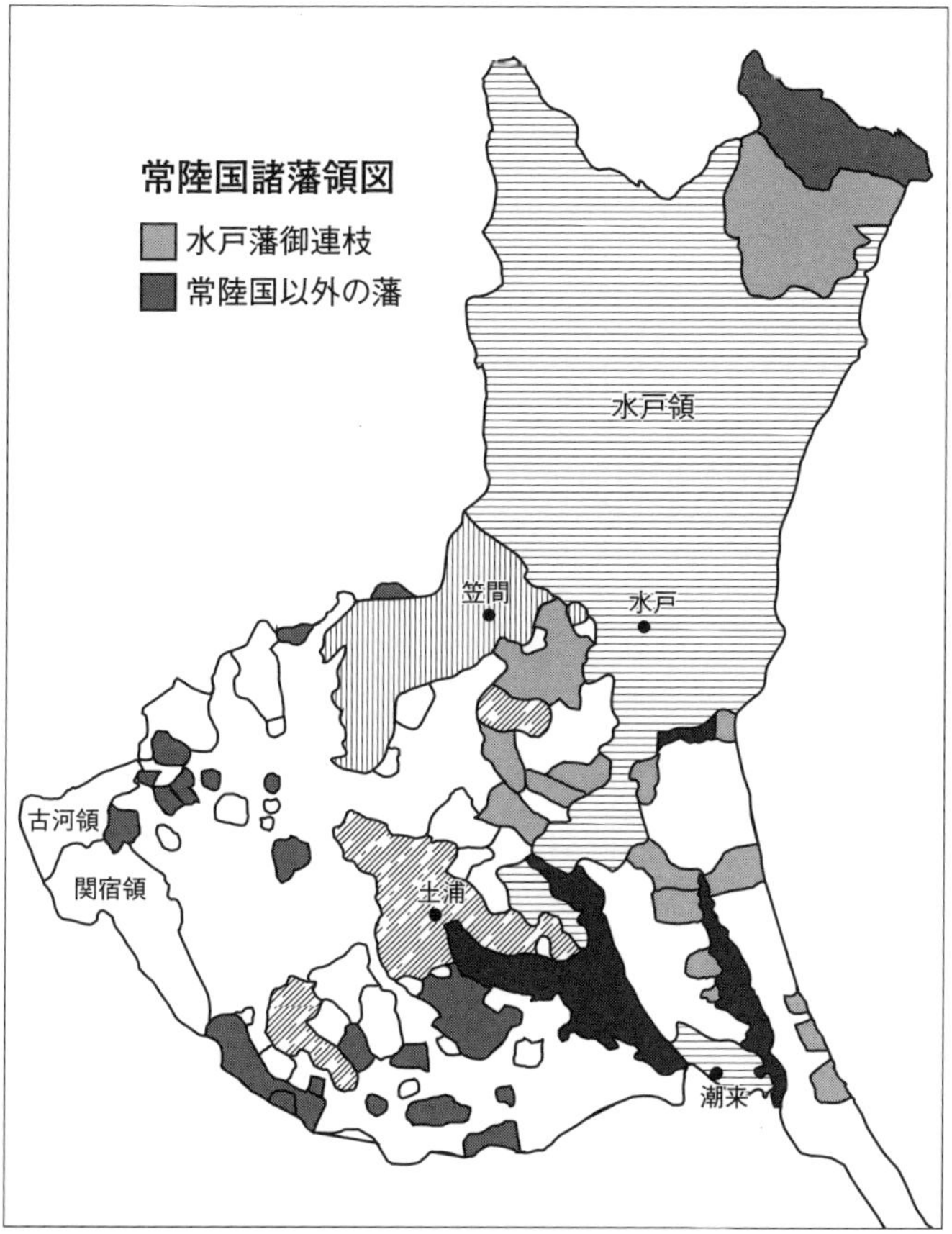

尊王攘夷の大本山

水戸藩のもう一つの大きな特徴は、「義公」「烈公」の影響による際立った尊王攘夷思想の家中であった。義公第二代藩主徳川光圀が『大日本史』の編纂に注力し、藩を挙げて取り組んだ。編纂にあたっては様々な学問を網羅しつつも尊王の志が貫かれており、この流れから生まれた思想は水戸学と言われる。『大日本史』の編纂は明治三十九年（一九〇六）に完成するまで続き、家中に尊王の強い気風が植え付けられた。

烈公九代藩主徳川斉昭が、攘夷の考えに基づく言動を内外にわたり強烈に発し、幕末の政情に大きく影響を及ぼした。斉昭は水戸学藤田派の藤田東湖が自分を藩主に擁立したこともあり、東湖を多くの大名をはじめ、その家臣に至るまで紹介すると、東湖の名声は大いに高まり、東湖が主張指導する思想はいわゆる「後期水戸学」として、全国の尊王攘夷思想の根幹となる。藩内では、斉昭が東湖の影響を受けた者を積極的に藩政改革に登用したこともあり、東湖に心酔する軽輩の若い藩士らが藩内で大きな勢力となり、尊王攘夷を藩外へも訴え出した。結果、水戸藩は全国尊攘派をリードする大本山のような状況となった。

生誕地に建つ藤田東湖像（水戸市）

二、天狗党とは

藩政改革派が尊攘派天狗党に

徳川斉昭は、幕府に対しては蝦夷地開拓等建設的な提言をする一方、禁じられていた直接の幕政介入をはじめ家康以来の慣行を度外視し幕政に注文を付け、幕閣の反感を買い恐れられた。藩政にあっては経済再建策の検地は農民の不満を買い、仏教抑圧や神道重視策に領民の反動が生じ、藩内に混乱を招き改革は中途半端な結果となった。最も影響が大きかったのは、信仰的で狂信的ともいわれた攘夷論で、斉昭に登用された者の多くは「攘夷」と「斉昭」を旗印に突出し、幕藩体制を改革してまでも尊王攘夷を実現させようとした。これに対し、従来の体制をより強固にすることにより難局を乗り切ろうとする上級藩士が中心の保守派があり、改革派は保守派の強い抵抗を受けた。保守派は、改革派の連中に対し、自分の才能を過信し成り上がり「天狗」になっていると蔑称した。やがて改革派自身も正義の名として「天狗」を自称するようになり、やがて「天狗党」と呼ばれ、藩内の権力争いに及んでしまった。

東湖は攘夷論者の権威として、水戸藩内だけでなく全国の攘夷熱を主導していたが、安政地震で圧死してしまう。水戸攘夷派は支柱を失うと同時に、水戸以外の尊王攘夷派が頭角を現してきた。この情勢に対し、藤田東湖の四男小四郎（二十二歳）は尊王攘夷の先頭に立つのは自分であるとの焦りを感じた。というのは、東湖が水戸学を代表する学者にして尊王攘夷論の指導者であったことから、小四郎は尊攘志士たちから一目を置かれ、後継者は自分との意識をしていたからである。攘夷の先鋒に立つ実効策として、幕府に横浜鎖港（開港した横浜を鎖すこと）を実行させることを藩に働きかけたが儘ならず、焦りからか筑波山で挙兵した。

天狗党の概要

尊攘を旗印に活動する分子が常野州の各地で入り乱れることになったが、行動が表面化した時期や地域及び首謀者によって、その行動やメンバーは同じではない。藩政改革、幕府に対する主張、尊王攘夷の実行方法論は異なり何派にも分かれていた。

天狗党という大集団に膨れ上がった要因に郷校があった。郷校は江戸時代後期に水戸藩領内各地に庶民教育機関として設立され、その数は十五校に達した。藩主斉昭が主張する尊王攘夷論が領内にも広まると、各所の郷校を中心に尊王攘夷を旗印とした集団が発生した。特に、潮来・小川・湊の三校が尊攘運動の拠点となった。中でも岩谷敬一郎（三十四歳、修験者）が率いる潮来郷校は早くから行動を起こし「潮来勢」と呼ばれた。小川郷校は竹内百太郎（三十三歳、献金郷士）が率い、年下であるが小四郎を拠り所とし、大将には老朽の名望家が就くべきとして水戸町奉行二百石取り田丸稲之衛門（五十九歳）を担ぎ、筑波山で挙兵した。「筑波勢」と呼ばれる。田中愿蔵（二十歳）は農家に生まれ藩医の養子となり、郷校時雍館の館長。軍資金調達の別働隊として資金強要・強奪・放火など行い天狗党の悪名を一手に受け除名された。

天狗党関係図

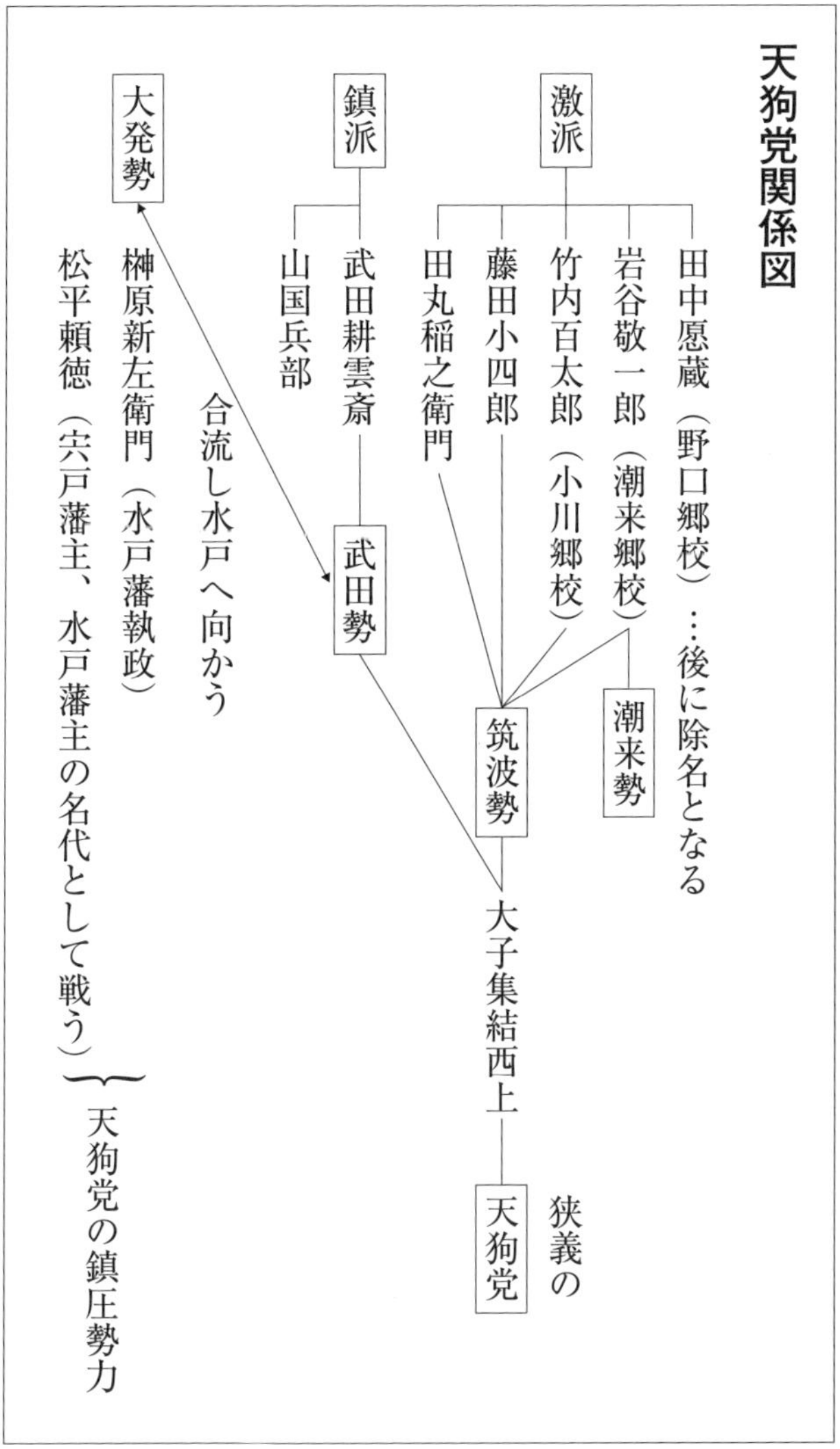

尊王攘夷を唱えながらも激派に対し「鎮派」と呼ばれた一派に武田伊賀守正生（耕雲斎六十一歳）がいる。耕雲斎は斉昭を藩主に擁立したことから執政に起用される一方、尊攘派リーダーとしてその名を全国に知られるほどの存在であった。斉昭死去後に水戸藩内の権力闘争から、市川三左衛門ら保守門閥派によって藩政から退かされていた。藩内の混乱収拾の調整役と

して水戸に向かったが、小四郎の熱意に止むなく筑波勢に取り込まれ、西上する天狗党の首領に担がれる。山国兵部（七十一歳）は、藩の軍制改革を主導し幕府に海防策を建言した人物。宍戸藩主の「大発勢」で田丸や小四郎の説得に失敗し謹慎処分となり、その後小四郎らに合流した。

天狗党鎮圧のために水戸藩主名代となった宍戸藩主松平頼徳と、藩の執政榊原新左衛門ら（後に「大発勢」と呼ばれる）が江戸から水戸へ向かう途中、偶発的に耕雲斎らも合流してしまった。この体制は耕雲斎ら武田勢が天狗党に与したことと見做され、敵対していた市川等水戸藩保守門閥派が幕府軍と組んでしまい、大発勢は鎮圧される側になってしまう。武田勢は一線を画していた小四郎らとも共同の軍事行動をとることとなり、那珂湊の戦いで敗れると京都にいる禁裏守衛総督を務めていた一橋慶喜を頼り、慶喜を通して朝廷に尊攘の志を訴えることを決した。この一党が組織的にまとまった「天狗党」と呼ばれる。

これ等の集団が時によって強引な軍資金調達や乱暴狼藉を働いたため、幕府や地域の諸藩、そして住民らからは、「水戸浪士」「水府公浪士」「水戸浮浪之徒」「常野浮浪之徒」などと呼ばれ、幕府追討軍と激突するようになると「賊徒」とされるようになる。

門閥派を代表する諸生党

一方、天狗党の急進的な改革と軽輩の者による藩政に反発する門閥派は、水戸藩校弘道館の諸生が大きな力を発揮したこともあり後世「諸生党」と呼ばれた。しかし諸生派も一括りにはならず、時期によって構成員が異なり複雑である。上級藩士の中でも権力や対人関係から複雑な様相を呈していたのである。このため、多くの他藩にみられた攘夷か開国か、あるいは幕府支持か倒幕かの対立ではなく、藩内の急進派と門閥派による権力闘争と言える。

天狗党が筑波山で再度の旗揚げをした頃から門閥派は執政の市川三左衛門が水戸藩の兵力を動かしていたため、「市川勢」と呼ばれるようになる。藩内の主力争いの流れから、前執政の武田耕雲斎と執政の榊原が「筑波勢」と合流した形になると、武田らを敵としただけでなく、武田らの家族を捕縛し入牢させてしまう。西上した狭義の「天狗党」が幕府に下り処刑されると、捕縛していた天狗党の妻女や子供たち迄斬首等の処刑を行った。これがため、天狗党の残党と諸生党及びその残党が血で血を争う凄惨な殺戮を明治以降も続けた。

水戸弘道館

三、高崎藩と下仁田戦争

譜代老中格

高崎藩は、徳川家康の最も信頼が厚い武将にして外交官の井伊直政が、慶長三年（一五九八）十二万石の所領の居城を、箕輪（高崎市箕郷町）から所領内の和田と呼ばれていた地に移したことに始まる。新たな城を築き「高崎」と命名した直政が近江国佐和山（彦根市）十八万石へ転封して以後、高崎藩主は、酒井、戸田松平、藤井松平、安藤（いずれも五万石）、松平輝貞（七万二千石）、間部詮房（五万石）と、徳川譜代大名たちが頻繁に入れ替わった。享保二年（一七一七）に松平輝貞が再封されてからは、大河内松平氏が八万二千石で幕末まで百五十余年藩主を務めた。

高崎は江戸時代初期までは軍事上の要衝の位置づけであり、江戸の北辺を守衛する役目もあった。

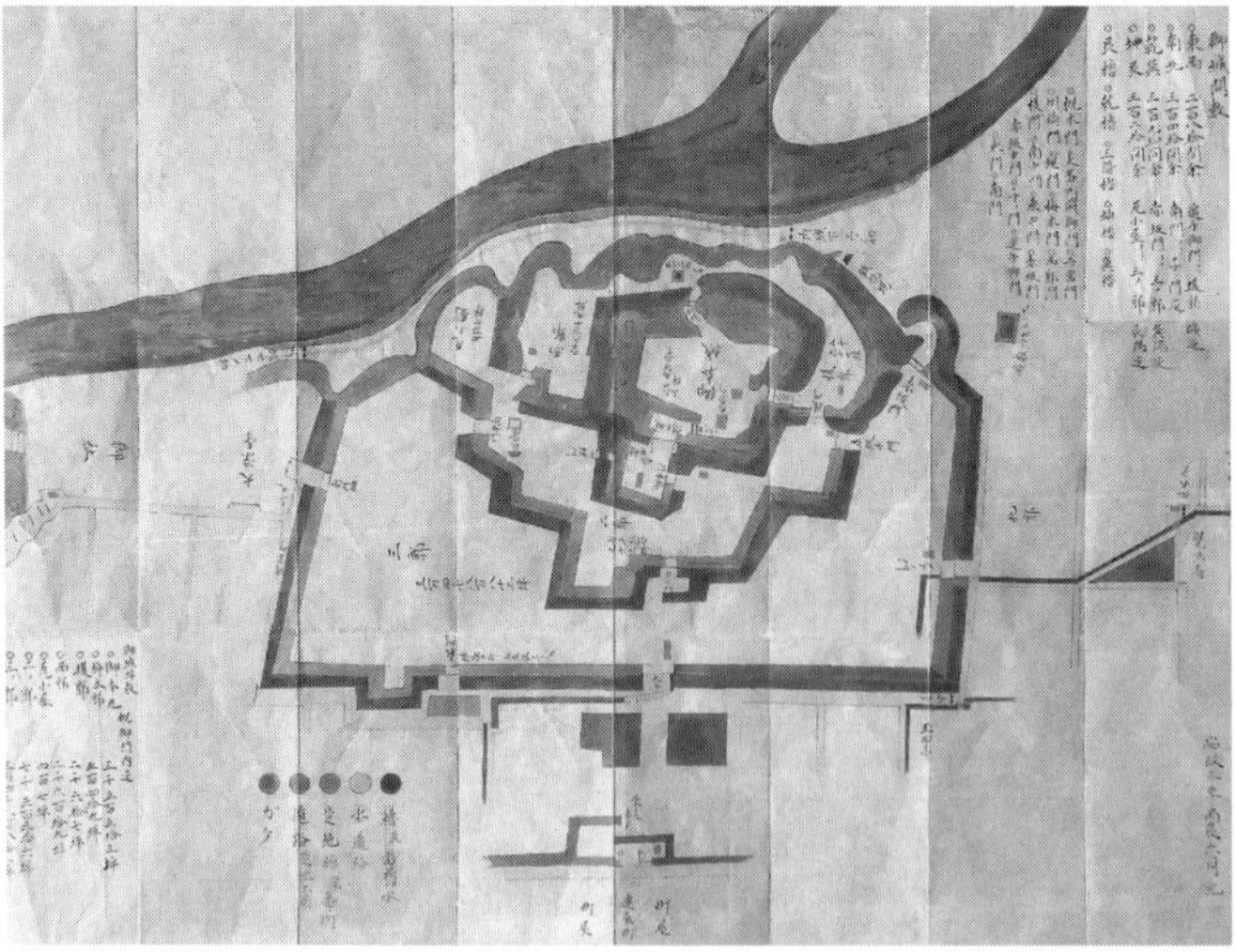

高崎城絵図

そのため、徳川家臣のナンバーワン井伊直政が十二万石もの所領を宛行われていたが、転封後に直政に続くレベルの城主が見つからなかったのか城番がおかれ、漸く徳川四天王酒井忠次の長男家次が五万石で配されたが、十二年後に越後高田藩へ十万石で栄転してしまった。江戸幕府初期の事情から城主が落ち着かず、元和五年（一六一九）二代将軍の重鎮であった老中安藤重信が五万二千石で入封し、高崎城は老中格の城としての格が決まった。

大河内松平一族

江戸時代後半の高崎藩主を大河内松平家が務めた。その大河内家は、三河国寺津城主であった十二代秀綱が七百石を賜り徳川家康の家臣となり、家康が関東へ移封され本拠地を江戸に置くと、秀綱は代官として関東地方の整備に取りかかり功績を挙げた。秀綱の次男正綱も家康の臨終にも立ち会うほど信頼された側近として仕え、松平一族の一つ長沢松平氏を継ぐよう命ぜられ、以後江戸時代は松平姓となり「大河内松平」と呼ばれる。二代将軍に就いた秀忠も正綱を重用し、その権勢は老中にも匹敵したと云われる。

秀綱の嫡男久綱の子信綱は、叔父正綱の養子となり三代将軍の側近から老中に抜擢される。その優れた手腕から、三代将軍家光・四代将軍家綱時代の徳川政権筆頭老中として、数々の政策（外国貿易の限定、正保の国絵図作成、末期養子緩和、玉川用水開設、江戸定火消役制定）を実行し、事件（島原の乱、慶安の変）を平定、官名の伊豆守から「知恵伊豆」と呼ばれる実力者名臣であった。

この信綱の幕府に対する貢献は大河内一族に強い光背効果を与えた。例えば大名を三家輩出している。久綱系列の備前守家（大多喜藩二万石）、伊豆守家（吉田＝現在の豊橋藩七万石）と分家の高崎藩主右京大夫家である。また、信綱の子孫であることから、伊豆守家からは信綱以降に信祝・信明・信順が、右京大夫家から輝貞（老中格）・輝高・輝延が老中に就任し、徳川政権の一翼を担った。

高崎藩大河内家

高崎藩主となった大河内松平家は初代輝貞の存在が大きい。輝貞は知恵伊豆信綱の孫にあたり、五代将軍となった綱吉に重用され側用人となり、数度の加増により七万二千石を宛行われるまで出世した。綱吉の死去により一時越後村上藩へ左遷的転封となったが、八代将軍吉宗のもと高崎藩へ再封となり、老中格として「ご意見番」的立場に任じられた。この結果老中格の城主として、子孫の三代輝高と五代輝延も老中として幕政に携わり、輝高の功績により一万石加増され八万二千石となり高崎は中堅規模の城下町となる。

松平輝貞官服図

六、七、八代と短命な藩主が続き幕政の中心から遠ざかっていたが、大多喜藩主松平（大河内）正敬の四男から養子として九代藩主に就いた輝聴は、奏者番から寺社奉行へと幕閣の昇進階段を上っていた。藩政においては銚子に飛地を領することもあり海防に努め近代的軍制改革を行い、内外共に大いに期待されたが三十三歳で死去してしまう。継嗣輝照（改名し輝聲）が十三歳で十代藩主となるが、水戸浮浪之徒が旗揚げし追討軍に派遣を命じられた時は十七歳であった。若年による経験不足は否めない。ただ佐幕の意志は極めて強かった。後日、鳥羽伏見の戦いが勃発した際に陸軍奉行に就いていた輝聲は「自分の家来は、小者に至るまで徳川家と運命を共にする」と参戦しようとして家老に止められた逸話が残っている。徳川家に引き立てられた恩に報い、自分の家は藩屏として存在するのだという意識は強かった。

関東有数の商都

高崎は中規模の城下町だけでなく、中山道や三国街道をはじめ日光例幣使道・信州街道と何本もの街道が通る交通の要所として、東海道の同様の町に劣らない中山道随一の城下町兼宿場町となった。宿場町機能のうち物流拠点としての都市力を発揮し、城下の中山道沿いに切れ目なく店舗が建ち並ぶ商業の街となった。やがて流入する人口は城下周囲からに留まらず、全国からも商人が流入し商都として繁栄を続けるようになる。中山道を往来する人々の目には驚くほどの大きな町として映った。

江戸時代後半になるとほとんどの藩が経済的に苦しく、各藩は商人からの借金により赤字財政で、高崎藩も同様であった。当藩の救いは飛地の越後一ノ木戸領が米どころであり、銚子は干鰯肥料や醤油の生産地として藩経済を支えたこともあり、大きな破綻は噴出せずに過ぎて来た。また、家中にあっては御家騒動もなく、城下や領地においても目立った事件もなく平穏な藩であった。

鎧兜による日本最後の戦い

ところが明治になるわずか四年前に、高崎の江戸時代最初にして最大の事件が起きた。この事件は後になって「下仁田戦争」と呼ばれるが、「戦争」と言うより当時の政府である幕府からの命令を受けた治安警備隊の高崎藩が、誅殺の許可を受けて不逞の輩の逃走を阻止するために、上州甘楽郡下小坂村（下仁田町下小坂）に出張し「水戸浮浪之徒」と戦闘に及んだ事件である。

この水戸浮浪之徒が後日「水戸天狗党」と呼ばれる集団の一派で、元治元年（一八六四）三月二十四日筑波山で挙兵し、水戸周辺での幕府軍との戦闘に敗れ、最早、自分たちの意を禁裏守衛総督として在京していた一橋慶喜（水戸藩九代藩主徳川斉昭の七男）に認めてもらうしかないと考え、京を目指すことになった。現在の茨城県北部の大子町から、千人余が武装して徒党を組み、幕府から賊徒と扱われながら京都へ向かうことは、熱にうなされたとしか思えない実力行使であった。

高崎藩は中山道への道筋で待ち受けていたが、本庄から藤岡を経て下仁田道へ迂回されてしまった。また、夜襲をするチャンスもあったが武士の作法に反すると機会を逃し、本隊が常州へ出張し残された留守部隊で追跡し下仁田で戦闘になった。この時点における天狗党は九百二十五人といわれ、高崎藩は第三軍が到着せず百九十八人。多勢に無勢の戦力と武器もやや劣勢であった。数度の戦闘を体験している天狗党に対し、高崎藩は人生初めての実戦。指揮官や戦術も欠けていた。勝っていたのは武士以外が多数を占める天狗党に対し武士の集団であったことだけである。

両軍共に大砲や鉄砲を所有していたが旧式であり、甲冑に身を固めた刀鎗による戦は戦国時代に戻ったような「日本最後の鎧兜による戦」と言われる。死者は高崎側が三十六人（うち七人は捕えられ切腹）天狗党は戦場で四人（その後八十人ほどが翌日までに死去）が戦死している。戊辰戦争前夜に起こった高崎にとって一大事件であった。

高崎藩目付堤金之亟克寛の出陣図

第一章　水戸浪士の狼藉始まる

天狗党に関する一連の事件は、万延年間（一八六〇）に常州南部地方で起こった「水戸浪士」と呼ばれた連中が、民衆に対し「攘夷」の旗印のもと軍資金を強要し出したのが始まりである。全国で「攘夷」が叫ばれていたが、それを脅し文句に金品を民衆から強要する話を、幕府も各地の領主らも俄かには信じられずにいた。遠く離れた上州においては蚊帳の外であった。

一、水戸浪士に対する幕府の認識

攘夷テロを懸念

安政七年（一八六〇）は三月十八日に「万延」に改元された。三月三日に起こった桜田門外の変（当時は飯泉喜内初筆一件と呼ばれた）が引鉄になったのであろうか。尊攘急進派と称する所謂「志士」らは、京都において身分に拘わらず様々な人を暗殺するテロ行為に及び、幕府は、その世情不安に対し京都守護職を配備するなどの対策をとっていた。ところが、幕府の膝元である江戸において、外国要人や幕閣が襲撃されるという事件が発生した。文久元年（一八六一）五月に起きた東禅寺事件は、水戸藩攘夷派浪士十四名が、江戸高輪の東禅寺に置かれたイギリス公使館にオールコックらを襲撃した事件であり、翌年一月に老中安藤信正を襲撃した坂下門外の変も水戸浪士であった。桜田事件以来幕府は警戒をしていたであろうが、幕府の権威を失墜させる事件を次々に起こされたことは、急進的な攘夷派に対する危機意識が薄かったと言わざるを得ない。

　この様な幕府に反逆する事件にも拘らず、幕府記録『続徳川実紀』には記載されていない。不名誉な事件だったからであろうか。ただ、桜田門外の変や坂下門外の変に関わった老中に対する減封や蟄居処分が、一〜二年後に実施記録されている。しかし、事件の当事者水戸浪士に関わる記述は見られない。幕政に関わったと思われる人が編者と推測される『常野集』には、水戸浪士に対する警戒が記述されていることからすれば、水戸浪士が民衆に対し狼藉を行っている情報は幕府関係者に入っていたはずである。東禅寺事件の半年前、万延元年十一月二日に、老中久世大和守が水戸藩家老を呼び出し領内の不穏なものに対する注意書を渡し、これに対して水戸藩側からも申立書が発信されたりもしていた。幕府は水戸藩関係者による攘夷行動に懸念は抱いていたが、水戸浪士の民衆に対する狼藉については幕府の認識は薄かった。

水戸浪士狼藉の風聞

　幕府公式記録には見られないが、水戸浪士が民衆に対し狼藉を働いている風聞は伝わっていた。万延元年（一八六〇）十二月、幕府関係者に水府公（水戸中納言に対する敬称）浪士の危うい行動について報告が届いた。その内容は、水府公のところの浪人らしき者が二百人余りも利根川の辺りに押し寄せ、水戸藩領の百姓町人から御用金として二千両も差し出させと言ってきた。噂かと思っていたが、「今月三日に横浜に再度出向き外国人宿舎の寺を焼打ちするため」とのことなのでお伝えする。

幕府にとって警戒し恐れていたのは、生麦事件や東禅寺事件のように、外国人に対する殺傷や放火といった暴力行為であった。所謂志士たちの尊王攘夷は口先に過ぎないと思うものの、刀剣を携える武士は何時でも人を殺傷することの出来る時世であり、実際何件もの殺人事件が起きていた。幕府には風評とはいえ嫌な情報が入り始めていた。

水戸城下から離れた霞ケ浦東岸沿いに、水戸藩の郷校十五校のうち小川（小美玉市）・潮来・延方（いずれも潮来市）・玉造

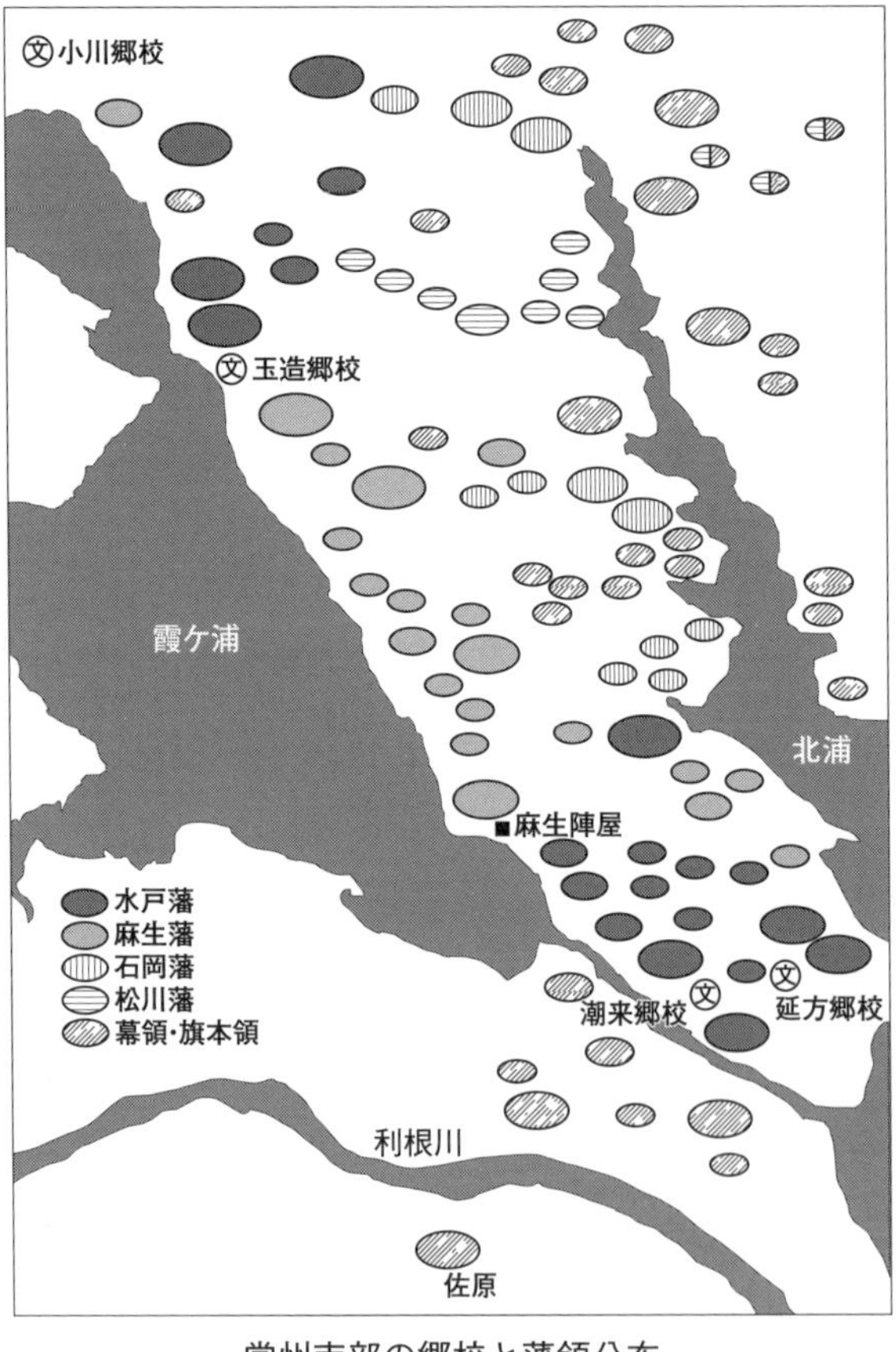

常州南部の郷校と藩領分布

（行方市）の四校が開設されていた。このような背景もあり、万延から文久にかけて、常州南部地方に水戸浪士と称するものが出没し、乱暴狼藉を働いている風聞が、各地の領主から老中へ、旗本から若年寄への届出がみられる。これによって幕府は水戸浪士が攘夷の名のもとに軍資金という名目で金品を強要している情報は掴み始めていた。

二、諸藩領や旗本領で発生

水戸藩領外からの情報

水戸浪士と称して南常州や下総の霞ケ浦周辺で乱暴狼藉を働いている情報が、その地方の領主から老中へ報告がされるようになる。その一つに、万延元年（一八六〇）十二月に麻生藩新庄駿河守から月番老中久世大和守へ、領地のある常州行方郡麻生（行方市）の状況と、万一に対する対処について伺いが届けられた。

「在所からの報告では浪人共が多数入り込み乱暴狼藉を働いている。水戸藩の名前と攘夷の権威に恐れをなしているが、見たところ水戸様の家来ではなく郷士か農民で、神社の禰宜や山伏の類もいる。そのうえ無宿の悪党共も加わっている。何が起こるか予想もつき難いので早く取り押さえたい。しかし、飛道具も持っているようなので空砲で威し散会させたいが、手に余った場合には実弾を以て対処してよいか。当藩が一万石の小藩だと侮り陣屋にまで手向かいするかもしれないので心得として伺う」

幕府は農民が騒動などで暴徒化した場合、鎮圧する際に鉄砲使用は空砲に止まらせていた。麻生の地で起こっている事態は、今までの民衆が暴徒化したことと異なり、元武士が首謀者の悪党集団から襲撃を受けるような感覚であった状況が伝わってくる。

心痛なる狼藉情報

万延二年（一八六一）正月二十四日には、寄合旗本津田英次郎（知行所に下総国香取郡佐原、禄六千石）から月番若年寄遠藤但馬守胤統（近江三上藩主）へ報告が出された。

「佐原に帯刀致した者どもが来て、水戸浪人川又左右一郎大善と名乗る。日本国に夷人共が徘徊していることは神武天皇以来無かったことで心外であり打ち果たしたい。しかし経営に差し支えているので、当村の身元が良いものより借金したいと言ってきた。村役人が集まり相談し、穏便に済ませるため浪人共の旅宿へ出向き、年番名主らが出府中で当月下旬には帰村するからそれまで日延べしてほしいと申し込んだ。浪人共は当村の七人の者に無心を申し込んだが聞き入れないので直に談判したいと言うことであった。一千八百両と容易ならざる金額の申出なので、相談したものの承知できない金額である。しかし、断れば何分多人数なのでどんな乱暴狼藉をされるか計り知れないし、取り押さえることもできず心痛の限りである。お上の御威光で召捕ってもらいたい」という懇願であった。

伺いの二日後、深刻な報告が届いた。「浪人共が厳しく言ってきて、無心の金子が出来ない間は佐原村を引き取れない。今回の件は玉造村にいる我々の頭首より引き受けてきたことなので引き下がれない。当地へ来たのち玉造や潮来に詰めている者から数度の催促があり、万一無心が叶わなければ潮来に詰め合せている者が二、三十人罷り越すであろう。（背後に玉造や潮来郷校の大勢の連中がいることを脅しに）領主の津田殿と相談してでも借受したい」と。組頭庄右衛門、旅籠屋久左衛門と権之丞の三人にて金子減少など掛け合ったが、気にいらなかった節は、鉄扇で打擲し、声を上げ暴力で脅し、金子用立てを名指しされた七人の家に刀を抜き高声で押し入ったので、七人たちは恐怖のあまり、命には代え難いと余儀なく八百両を用達て渡した。

この報告内容からすれば、まさに押し込み強盗行為で、それが水戸藩関係者により堂々と罷り通っているとの報告であった。幕府は情報を掴み始めていたが、狼藉者が水戸浪士ということから注意を促すだけであった。

幕府の正式記録に登場

水戸浪士や浮浪之徒と呼ばれる連中が不法な行動、乱暴狼藉を働いている情報は頻繁となり、元治の時代に入ると幕府は、関東取締出役馬場俊蔵を常州行方郡潮来に派遣し、常州・下総地方に集結している浪士らの行動をおさえるのが目的で、水戸藩士の住谷信順も同行した。一方、藩命で水戸に下向していた武田耕雲斎が登城して浪士らの鎮定に関して評議している。しかし、当時は激派の中心は竹内百太郎が率いる小川郷校と、岩谷敬一郎が取仕切っていた潮来郷校で、水戸藩庁の統制からは外れていた。

元治元年（一八六四）四月六日に当番老中牧野忠恭へ下妻藩井上伊予守から嘆願書を添えて届出があった。このことは幕府の正式記録『続徳川実紀』に記載されているが、「天狗党事件」に直接関わるものとして初出である。しかも、村年寄の実名を記述した非常に細部にわたり記述された報告である。「常州真壁郡下妻陣屋詰の下妻藩士から、先月晦日に筑波村（つくば市）の旅宿八軒へ水戸小川館詰遊子の由たる者が百人余りも出張って来て、陣屋のある城廻村（下妻市下妻）の年寄長兵衛と与三右衛門、西当郷村（下妻市）の年寄孫左衛門の三人を呼出し、自分たちの大義として攘夷の考えを主張した」「自分たちの義挙を支援するために軍資金を出せ。もし背いた場合は即座に一命を申し受ける。金額は村年寄ら代表者三人に一人千両宛という大金につき、村の代表はいろいろ談判したが聞き入れられず、勘弁するから七百両宛差し出すようにとのことで、それでも大金なので金を出すことを先延ばしにしたが、今度は銘々の家へ多人数を差し向けるぞと言われ、仕方なく金を渡した次第である」と、強盗まがいの暴力が生々しく認められた報告であった。

下妻藩は「遊子と称する者たちが何者であるか確とはわからず、兼ねてから取り締まりを行ってきたが手薄である。多人数で押し寄せ何をするか計り難く、また領分に来るかもしれない。乱暴狼藉が手に余るようであったら、打ち捨て飛道具等を使う所存である」と対応を報告した。

三、幕府の警戒姿勢

水戸藩に示達

水戸中納言徳川慶篤は、当時はまだ攘夷鎮派であった執政武田耕雲斎に、浮浪之徒を鎮撫するよう命じている。耕雲斎に書を与え、所々に屯集している藩士らを鎮撫することに努めさせた。耕雲斎は潮来郷校を経由して江戸へ帰り、命令の実行を行ったと報告しているが、一向に収まる気配がなかった。幕府は慶篤に対し、将軍上洛中の江戸留守居として治安を守る責任者である。しかも各地で暴行している水戸浮浪之徒には水戸藩士が関わっている。当然このことながら水戸藩が取締るべきであると示達した。

ところがこれに対し慶篤は「攘夷の幕議が決まらない限り、筑波山に集結した連中を鎮撫するのは難しい」と幕府に申し開きをした。しかも書面を関白二條齊敬・将軍徳川家茂及び禁裏守衛総督徳川慶喜に提出し、「速やかに横浜鎖港の英断あらん」と請うている。これについて老中井上正直は在京老中へ送った書状に「中納言殿（徳川慶篤）においても殆ど御当惑の御様子であるが、将軍が御留守中の御府内を守衛することを委任された御方が、御自分の領内において当節乱暴狼藉を働く者に対し、取り締まらないことがあってはならないし、少しも鎮静させる手を下していないことは遺憾である。御領内の動揺は覚束なく、傍観するほかないようである」と慶篤の無策を痛烈に非難している。

そして、「鎮静の期待ができないので我々一同も強いて申上げたところ、慶篤には何分にも手段がなく当惑しているようである。我々が慶篤を処罰すれば、家臣を挙げて中納言殿を擁し、御在所（水戸）へ割拠するほか無いと家来が申している」江戸老中では手の出しようがないとの意識であった。

隣接諸藩への注意

幕府は水戸藩に近接する諸藩に注意を促している。万延元年（一八六〇）八月十五日水戸藩主徳川斉昭が死去し、水戸表の者共が多人数御府内近郊まで出張して来ることが心配されるので、笠間藩に対し藩領の固めを厳重にするため領地の人数を揃え置き、非常の場合は命令次第出張できるよう承知されたいと伝達している。笠間城下は水戸城下に近接しているうえ、水戸から野州への結城街道が城下を通り、城付き領の南部を古河から上州へ繋がる瀬戸井街道が通っている。

土浦藩に対しては万延二年二月七日（二月十九日に「文久」に改元）に、老中内藤紀伊守（越後村上藩主）より書付が渡された。その示達内容は、土浦藩は江戸と水戸を繋ぐ水戸街道沿いに位置し、その所領の多くが水戸藩領と隣接している。そのため、水戸藩の領内に集まった浪人の不法乱暴は捨て置きがたく、水戸殿にも厳重に召捕るよう指示してあるが、領地外へ流出することが十分懸念されるので、土浦藩でも十分備え、もし手に余れば斬り捨て、鉄砲を用いて構わない旨であった。

江戸城大手門の警衛

水戸浪士の不穏な動きについての報告や風聞が多くなり、土浦藩へ領内警衛通達と同じ万延二年二月七日、江戸城大手門の警備のため老中内藤紀伊守より土浦藩土屋采女正の他、大手門付近に上屋敷のある会津藩松平肥後守、忍藩松平下総守、桑名藩松平越中守、姫路藩酒井勘解由、小倉藩小笠原信濃守、佐倉藩堀田鴻之助、宇都宮藩戸田綏之助の各藩へ書付が渡された。また、御徒目付組頭齋藤直蔵からもお達しがあり、江戸町奉行

嘉永年間「大江戸大絵図」一部

の黒川備中守へ申し送られた。

お達しの内容は「水戸殿の御領内へ浪人共が集まり不法乱妨狼藉を働いており捨置き難いので、水戸殿へ召捕える旨の指示を出したところ、水戸殿より取り押さえるとのことである。しかし、御府内へ抜け出てくる者があるかもしれないので、予ねて仰せ渡してある通り早速人数を差出し、御門の周辺の警備に当たるように。万一警備にあたって手に余る場合は撃ち殺し斬り捨てても構わない」ということであった。

井伊大老が襲撃されたが、犯行現場は桜田門外であった。今回の警衛に関するお達しは、江戸城の、しかも大名屋敷がひしめいている大手門付近で、浮浪之徒が徒党を組んで狼藉を働くとは過剰な配慮かと思われた。そのようなことを懸念するより、水戸藩挙げて危険分子の拿捕に集中すべきであったと思うが、風評では内部抗争の由も聞かれ、実効が懸念されたのであろう、幕臣に対する徒士目付からの示達だけでなく、諸藩にまで指示を出している。

しかし、大手門警衛示達の一年後であるが、文久二年（一八六二）一月十五日に、大手門北に位置する坂下門外で

江戸城坂下門外

老中安藤信正が水戸浪士に襲撃される変が起きてしまった。諸侯が登城する大手門と、老中が登城する坂下門の違いはあるが、警固するよう示達されながらまたもや水戸浪士にテロ行為を許してしまった。旗本や御家人だけでなく、全国から諸藩の藩士が行き交う武士の町江戸では武士のテロ行為を阻止することが難しかった。

四、高崎藩の状況

上州方面の風聞

　常州国内に生じていた水戸浪士が関わり民衆を襲っていた危険は、上州の地にはまだ遠方の限られた地域での出来事であったと思われる。文久三年十一月になって初めて、老中牧野の屋敷において館林藩秋元但馬守に次のように示達された。上州赤城山麓へ水戸浪士が集まっているとの風聞があり、何が起こるかわからないので、「各藩が領分の取締について油断なきよう申付ける。人数等も予め手配致し置、万一最寄の御料所（幕府領）や私領（旗本・大名領）において異変があったならば、速やかに召捕えても、打ち取っても臨機応変に取り計らうこと。土岐山城守（沼田藩主）へも同様のことを示達してある」ということであった。

　翌月三日の夕刻には、老中板倉勝静の屋敷に諸藩が呼出され同様の文書が渡された。示達されたのは、川越藩松平大和守、忍藩松平下総守、古河藩土井大炊頭、関宿藩久世謙吉、宇都宮藩戸田越前守、壬生藩鳥居丹波守。壬生藩以外は中規模藩であった。赤城山麓へ水戸浪士が集まっているとの風聞からか、上野国でも七日市藩前田丹後守、安中藩板倉主計頭、伊勢崎藩酒井下野守が含まれていた。しかし、この三藩は小藩であり何故呼び出されたのか。ところがこの段階でも、赤城山麓に水戸浪士が集結しているとの風聞に対し高崎藩には示達がなかった。つまり、水戸浪士の不穏な行動について高崎藩はまだ蚊帳の外であった。

沿岸警衛に追われる

水戸浪士の狼藉が常州南部で発生し始めた頃、高崎藩では、藩主松平（大河内）輝聴が卒去したため、万延元年（一八六〇）八月に輝照（のち改名し輝聲）がわずか十三歳で襲封した。

高崎藩は下総国銚子（千葉県銚子市）に飛地を有していたこともあり、輝聴（寺社奉行）の時代から江戸湾警固等を命じられていた。輝照は藩

麻布山善福寺境内に建つ米国公使館跡碑
（東京都港区）

主就任から間もない文久元年（一八六一）正月から亜墨利加人宿所の麻布善福寺（東京都港区元麻布）で、また、翌年五月からは阿蘭陀人宿所伊皿子長応寺（東京都港区高輪）の警固を命ぜられ相当の人数を派遣している。

善福寺は安政五年（一八五八）に締結された日米修好通商条約に基づ

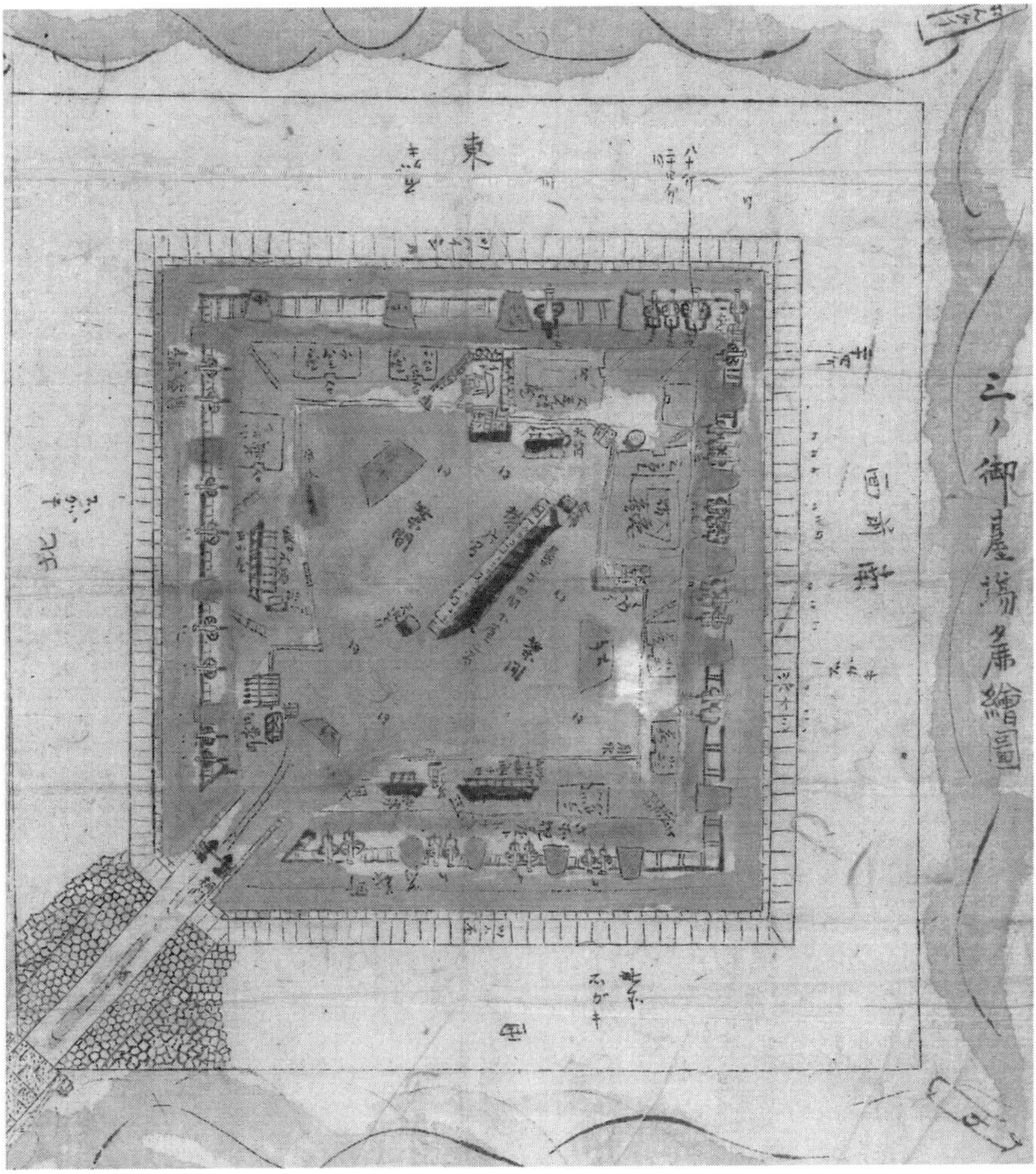

「三の御台場麁繪圖」部分・堤金之亟画

き、タウンゼント・ハリス一行の宿舎で、一室は初代アメリカ合衆国公使館であった。続いて文久三年四月には、英国軍艦が渡来し一段と容易ならざる折柄との理由から、江戸府内を見廻り狼藉者を見かけ次第召捕ることを命ぜられた。家来共一同の意気込みも宜しく、藩を挙げて江戸府内の警察を担当していた。

　これより先、幕府は武力外交に対抗するため、外国船の砲撃に備え江戸湾内に、大砲を四方に並べ備えた台場を築いた。台場のうち第一から第三は嘉永六年（一八五三）十一月十四日から、第五と六は翌年の十一月十六日から諸藩が配属された。上州方面に水戸浪士の風聞が聞こえ始めた文久三年（一八六三）八月二十七日に、高崎藩は忍藩松平（久松）下総守に代り「内海御警衛三之御台場」を仰せつけられる。御台場担当藩は十万石以上の雄藩が中心で、十万石以下は高崎藩だけであった。銚子に飛地を領し沿岸警備に当たっていたとはいえ、中規模藩としては負担が大きかった。一方で、高崎藩は江戸湾警衛に当たっていたことから異国船などに対する情報は入っており、過激なテロ行為を行う攘夷派とは異なり、外国の威圧に対抗できる武力を備えてから、外交交渉に当たるべきとする考えを有していた。

　江戸湾や江戸府内警衛の過程で、水戸浪士に関する風評は聞こえていたと推測されるが、浮浪之徒追討軍へ招集されることになるとは思いもよらなかったであろう。また、高崎藩目付堤金之亟は江戸詰として米国公使館や第三御台場の警衛に就いており、善福寺守衛のため境内の配置や第三御台場の様子を写し残している。この後に高崎へ戻され下仁田で天狗党と戦うとは。

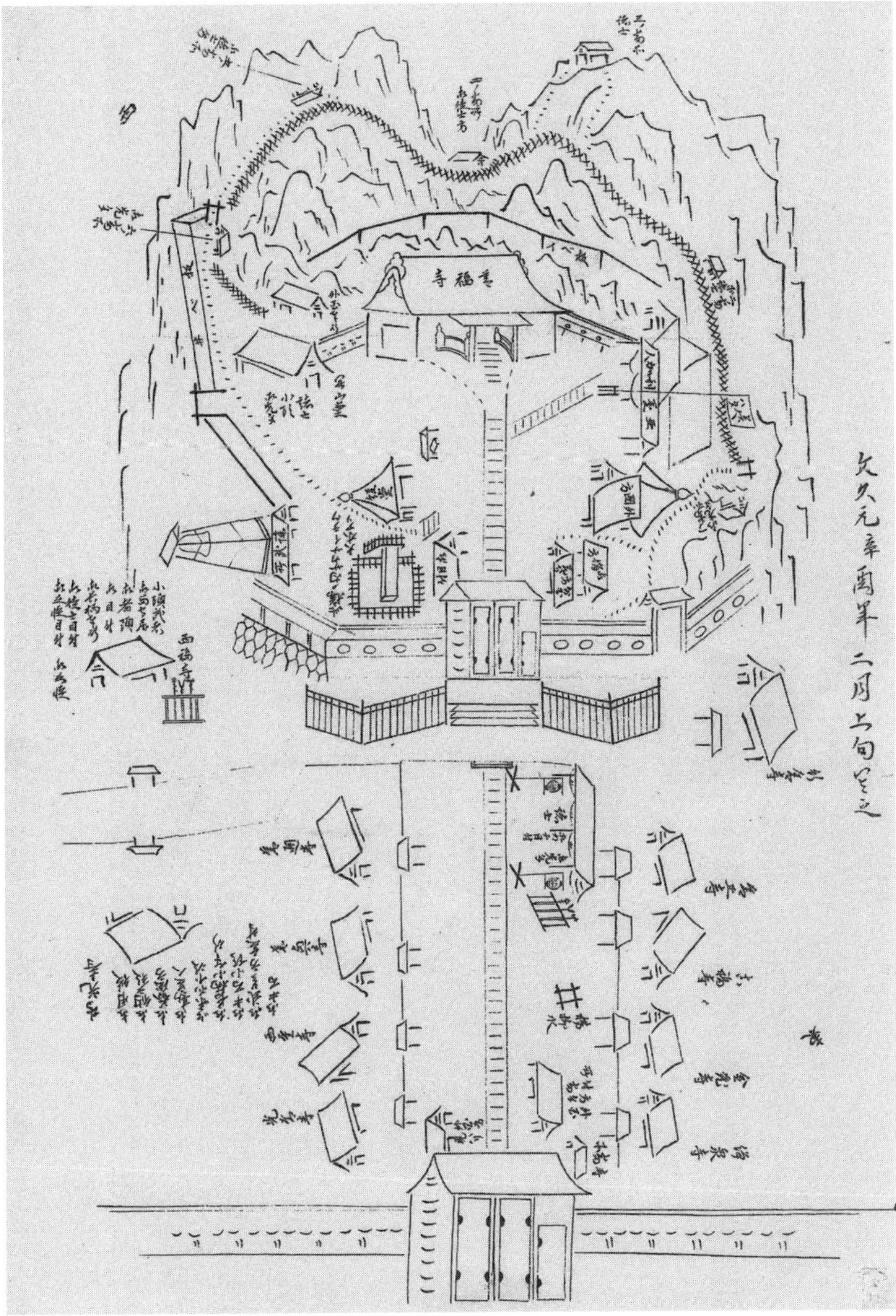

「善福寺米国公使館守衛境内」配置・堤金之亟画

第二章　示威行動から資金強要へ

攘夷論は武士の世界だけでなく大衆においても理解される層があったが、水戸攘夷派の主張は藩内事情もあり意のままにはならず、長州らにその主導権は奪われかけていた。早く自分らの主張を幕府に採り入れさせるため、世に認めさせる示威行動をとることになる。一方で、資金を集める狼藉行為がエスカレートし、刀を振り回す強要行為に止まらず、放火や殺人に及ぶようになって行った。

一、筑波旗揚げから日光へ

賛同を求め蜂起

元治元年（一八六四）三月二十七日、藩内での閉塞感を打破するため、水戸藩士藤田小四郎らが攘夷を唱え同志を募ると、小川・潮来・那珂湊等の郷校に集まった藩士らが賛同し、水戸藩町奉行田丸稲之衛門を首領に筑波山で旗揚げをした。筑波山は古来信仰の霊山として関東地方に知られ、ここで挙兵すれば広く諸藩から攘夷について賛同を得、幕府も攘夷を実行するであろうと信じ、挙兵を天下に知らせることが目的であったと思われる。

ただ、この時点になると「先君義公の意志に基づいて尊王攘夷の目的を果たす」という水戸尊攘論は時代遅れになりつつあった。主張する大義とは「横浜開港に伴い異人が増長し、畑地に桑を植えたりして、日本国の農業に悪影響を与えている。国恩を忘れていることは忍び難いので、万人を救うため徳のある者は金を出すことにより骨を折るべきである。我等は身命を打ち捨て、近々横浜へ出撃し異国人を打ち払う」というものであった。

当時の攘夷派の国情の捉え方として、元凶は横浜を開港したことであり、鎖港しなければならないという主張である。なぜならば、渡来した異国人の態度は高慢無礼で増長している。彼らが求めている生糸・茶などの産物は、従来は藩と問屋によって市場は統制されていた。これが生産地から直接開港場へ持ち込まれ、統制が取れなくなり価格が上昇し、これに伴い一般物価も上昇し下級武士や庶民は物価高に苦労している。また、商品作物は利益が得られることから、米作を止め農地で桑を栽培するなど、米価を中心とした我国農業や経済に悪影響を与えているというものである。

水戸攘夷派の主張に対し常州の農民が理解を示す背景があっ

下妻から見た筑波山

た。下妻を含む常州西部地方は綿花の栽培が盛んであり、木綿は衣料として広く用いられ高収入となるため綿花栽培は大きな産業であった。ところが、イギリスが安いインド綿を横浜に持ち込み、貿易攻勢をかけたので生産農家は大打撃を受けていたのである。

時代掛かった示威行動

筑波山で旗揚げしたものの、ここは特に堅塁でもなく守衛に難があるとの判断から、「筑波勢」は拠点を日光にすべく移動を試みる。日光は徳川家の神廟東照宮があることから活動の権威づけとして、また、水戸攘夷派に好意的な宇都宮藩に近いことなどからの判断であった。

先ず水戸攘夷派に理解を示す一派がいる宇都宮藩へ接近した。「一行は駕籠や騎馬の者の外に徒士が百五六十人ほどで、「贈従二位大納言源烈公（水戸斉昭）」の神主を戴いた御輿を先頭に、白張着にて鎗や鉄砲を持つ時代掛かった示威行動であった。水戸町奉行田丸稲之衛門を代表とする一行が宇都宮藩を訪れた。応対した宇都宮藩は、筑波勢の代表者が斎藤左次右衛門と姓名が分かったためか冷静なやり取りを行っている。

藩主戸田越前守から幕府への報告が『続徳川実紀』に記されている。内容は、野州（下野国）都賀郡石橋宿（下野市石橋）の問屋新右衛門と年寄多右衛門から宇都宮貫目所御懸の野中脩平宛への報告であった。一行の申出は次の通りであったという。

「自分たちは水戸小川館と申す集まりである。今般決死の上攘夷を志願し多人数が集まった。

水戸町奉行田丸稲之衛門及び斎藤左次右衛門と申す者が取り鎮めるため出張し、諭したが一同了解せず、意気込みが猛烈なので心ならずもここまでやって来た。喜連川への通行と先觸を差出してもらえば他へは行かない。城下へ一泊させてもらえば静かにする」とのことである。喜連川藩主の喜連川左馬頭縄氏は源烈殿（徳川斉昭）の十男から前藩主の末期養子となった人物で関係が深い。その喜連川へは烏山街道を北西へ向かうのが通常で、宇都宮を経由する行程は遠回りで、不審な説明であった。しかし、一同が死を決しているが如き激烈な形相なので、万一のことは請け負いかねるので気遣うことにした。ただ、代表者が藩の重役に謁見したいと申し出たが、それは応じられない旨を斎藤左次右衛門に伝えたところ受け入れている。在所の役人からはこの勢力が武器などを買い求めていることを聞いているので、何時不慮のことが起こるかもしれない。捨て置きがたい大事と判断し報告した。

　また、当番老中板倉勝静へ足利藩戸田長門守からも報告がもたらされた。一通目の内容は、四月十三日に日光例幣使今城中将が足利付近を通行中、浮浪の者が多人数徘徊しているので、日光へ警衛の人数差出を依頼したということ。二通目は帰京の節に日光から壬生迄の警衛は遅滞なく済んだとのこと。この時、浮浪の者は例幣使に面会を求めたが断られ引き下がったとのことであった。この頃の天狗勢の行動は、止むに止まれず動き回っている状況であったのだろう。人数もまだ百人レベルのうえ、面倒なことが生ぜず事なきを得たが、様々な示威行動を行っていた。

二、示威に揺れる幕府と諸藩

天狗党の日光入山を阻む

筑波山で旗揚げした藤田小四郎らは、小川勢や潮来勢が加わり百七十名ほどに増え、攘夷の本拠地を日光にすべく移動を開始した。日光は徳川家の霊廟という権威のある地につき、幕府が牽制しにくいと考えた。筑波を後にして、日光への道筋である宇都宮藩に協力を求めて同藩に接触を図ったのである。

　四月になると宇都宮藩主戸田越前守から水戸浪士共が日光近辺を徘徊している状況について注進があったので、老中板倉勝静は滞京

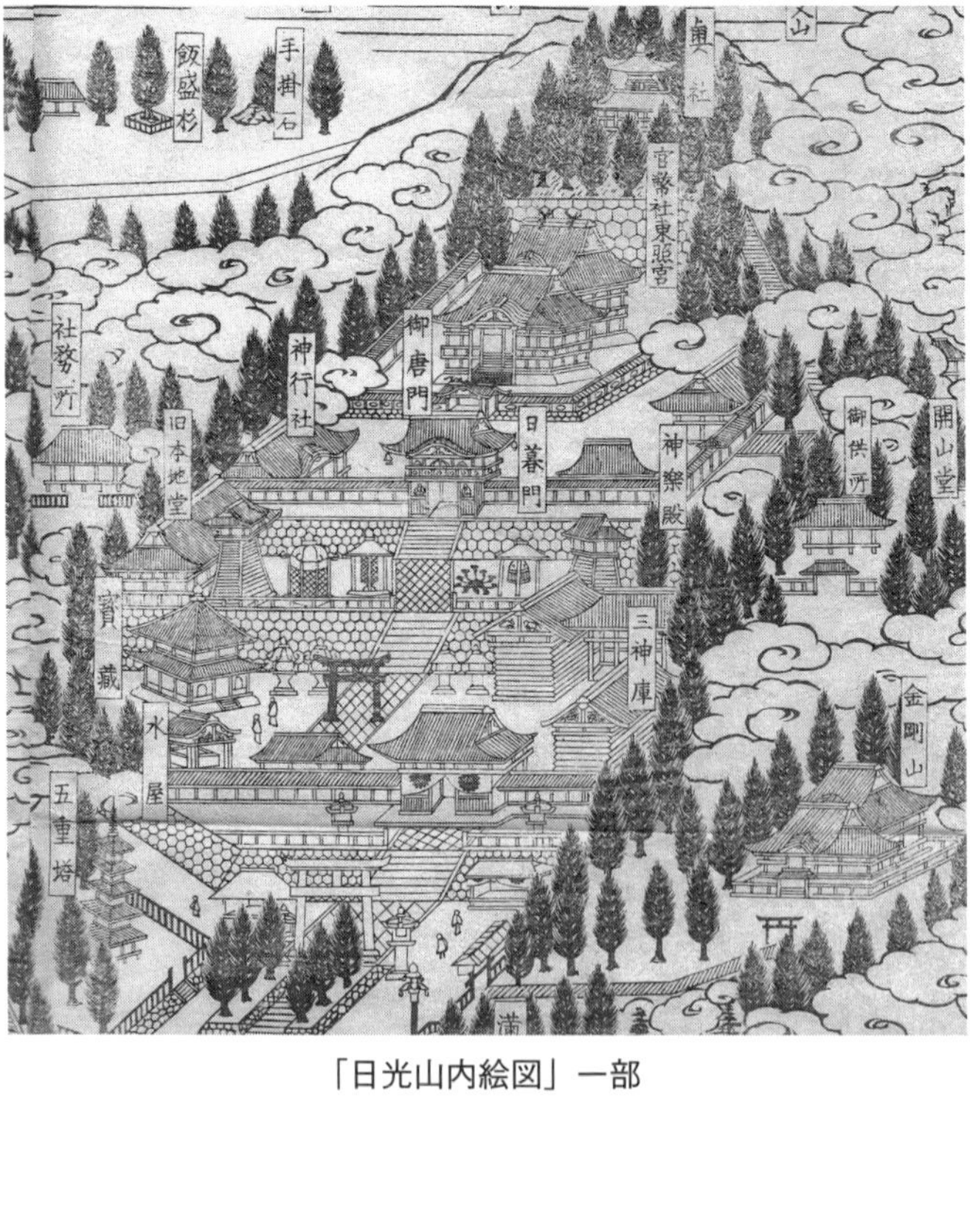

「日光山内絵図」一部

老中に対して、来年四月に予定されている日光山での徳川家康二百五十回忌に対する幕府役人の日光新宮見分登山について次のように連絡した。

「天狗党が日光山を訪れる狙いは、神祖東照宮の霊を持ち出して攘夷の志願を遂げようと画策しているとの風聞もある。戸田越前守よりの届には、日光に籠られたら極めて問題である。夫々最寄大名へ心得方申達置候。日光新宮へ近々御登山がなされるところであるが、水戸浪士が徘徊している次第なので、日光までの途中も甚だ懸念される状況である。よって御登山を見合せにする積りである。ただ一日一日と動静も替る故、また猶近々報告申し上げる」

幕府が懸念していたように、四月八日水戸浪士が小川館に集まった後に日光へ向かったので、十七日の日光東照宮祭祀を控え警戒を厳重にせよと、館林藩秋元但馬守と宇都宮藩戸田越前守（東照宮の神橋前下馬を固める役目）に対し、老中牧野忠恭が役宅に呼び出し左の通り示達した。

「水戸殿奉行の田丸稲之衛門と申す者、其外多人数が越前守城下へ来た。水戸小川館へ集まった者たちとの由である。彼らについては不穏分子との評判である。宇都宮は日光に近く、万一日光へ立入ることがあっては、御場所柄容易ならざることにつき、厳重な警衛に心得るべきこと」同様の示達が常陸国の土浦・下館・笠間・谷田部、下野国の壬生・烏山・太田原・黒羽・佐野・吹上・足利、下総国の結城藩に出された。この他に別途記録されたのが下総国古河と下妻藩で、水戸から日光方面に位置する殆どの藩が含まれている。

筑波集結に対する指示

宇都宮藩が筑波勢の要請に応じず日光奉行も警戒を厳重にしたため、筑波勢は交代で日光廟を参拝した後に下山し、栃木町近くの太平山に移った。筑波山での旗揚げや日光進軍が奏功し、各地から多くの賛同者が集まり四百名もの集団になった。再び筑波山の方がよいと集まった勢力は総勢千人に達した。

四月十四日の老中板倉勝静からは滞京老中に次のように頼んでいる。「まず日光山では懸念された騒ぎにならず穏便に立去り安心した。しかし、また筑波山へ集結したとのことで、今後の動静が如何なものか心配される。何分暴動がないように厳重な警衛中心とすべき集団であり、攘夷を唱えていることもあるので、単なる暴徒として幕府の力で抑えることに躊躇し、朝廷の名前を出しての鎮静してほしい」二十九日、老中板倉勝静からほぼ関東地方全域の諸藩に対し示達が出されたことが幕府記録に記述されている。

示達は「此節、水戸領の者と其外浮浪之徒が、筑波山へ集結し、所々を徘徊し暴行致してお

筑波山神社本殿

る報告がある。いつの間にか徒党を組むよう人数が増加し、不穏な挙動に及ぶことも計り難い。各藩は自領の取締は勿論、今後の状況によっては、なお一層厳重な取締に努め、連中の所業によっては兵器等を用いることも苦しからず。かような状況につき帰藩の御暇を下したいところであるが、将軍御留守中で江戸の人数が少ないので、まずは各藩城下へ人数を配備手配するように」

示達されたのは、前出の諸藩のほか、多古藩松平豊後守、牛久藩山口長次郎、志筑藩本堂内膳、佐倉藩堀田鴻之丞、関宿藩久世謙吉、生実藩森川内膳正、麻生藩新庄駿河守、高岡藩井上筑後守、小見川藩内田加賀守である。常州と上総の全ての藩に示達されているが、ほとんどの藩が小藩で注意せよという連絡に過ぎなかった。

弱腰対応の老中

筑波勢が旗揚げや日光押入りなど示威行動をしていた元治元年四月、老中は水野忠精・板倉勝静・井上正直・牧野忠恭・酒井忠績（六月に辞任）であった。江戸留守居の板倉勝静は滞京の水野忠精に対して書状で訴えた。水戸浪士が屯集し不穏な動きをしているだけでなく、連中はかなりの人数であり水戸藩だけでは鎮静が難しいという。もし水戸藩で鎮静させることができず、浪士らが横浜へ押し寄せ外国と問題を起こすようであれば幕府の努力は水泡に期してしまう。水戸藩主徳川慶篤が江戸城に出仕し、三奉行・大目付・目付と会見のうえ鎮静に努めたが処置の見込みがない。水戸藩の若年寄二名へ直書の諭書を持たせ対応すると伝えている。
しかし、「（将軍）御留守中の儀、水戸浪士が外国人に問題を起こすようなことは容易ならざる事柄につき、江戸に於いても懸命に努めているが、京にいる一橋殿と評議の上、鎮静させるための手段を与えてほしい。実に三人（板倉・井上・牧野）は日夜寝食も忘れるほどであり、不安、心痛、苦念の状態である」と水野忠精に伝えている。水戸藩に対し親藩であるが故に気遣いをし、解決を求めるものの鎮静しないことへの苛立ちと、将軍留守中のため毅然たる判断ができないでいる。従って、諸藩に対しても適切な指示ができない状況かと推測される。

さらに、井上正直が上京を命ぜられ、板倉勝静と牧野忠恭だけでは江戸の職務を全うできず、しかも、水戸藩においては浪士の乱が発生し騒動は激しくなり、外国人に対する騒動を起こしかねない。生麦事件の賠償問題のような騒動が起きたら将軍上洛の意味が水泡に帰してしまう。江戸老中が板倉と牧野だけになり指揮系統が弱体化してしまうので、解決策として実務派の小笠原長行を老中に復帰させることを求めた。このやりとりからも、当時の老中が諸藩からの伺いなどに力強く向き合えていないことが垣間見える。

とは言え、井伊大老のような強権強力な指導者でも建て直しができないくらい幕府体制は弱体化しており、また、江戸と京都の二ケ所で政務を全うするには老中を数的にも人物としても強化が必要な状況下では、小笠原長行の復帰要請はうなずける。小笠原長行は肥前唐津藩主小笠原長昌の世嗣の身分のまま、文久二年（一八六二）四十歳で老中に就任した。翌年五月に尊攘派を一掃するため京都の武力制圧を図り、老中職を罷免されていた強硬派だが有能な人物と言われていた。

三、天狗勢に理解を示す水戸徳川一門

水戸藩御連枝と慶篤兄弟

自分たちの攘夷の共感者を得るべく起こした示威行動は、騒動であり、強引さに危険を感じながら鎮静できない老中、当初は趣意に賛同していた一部の民衆も乱暴狼藉の資金強要に恐怖を感ずる状況になっていたが、水戸徳川一門は理解を示し後援していた。

大名や公卿・僧侶の世界には御連枝という仕組があった。根幹を同じくする枝が連なっている様子のことを「連枝」ということから、公家や大名家など高貴な支配階級における兄弟を指す敬称として使われ、本家筋に嗣子を欠いた場合に継承する存在としても呼ばれた。狭義の意味は、徳川将軍家の御連枝として御三家を指し、御三家にとっては、尾張藩では美濃高須藩・陸奥梁川藩（廃藩）、紀州藩では伊予西条藩と越前丹生藩・葛野藩（いずれも廃藩）、そして水戸藩の御連枝は、讃岐高松藩・陸奥守山藩・常陸府中藩・常陸宍戸藩が設けられた。他藩とは異なる軋轢が生ずる場合もあるが支援関係も深かった。御連枝として機能したのは、尾張藩主を三度生んだ高須藩と紀州藩主を三回送り出した西条藩があるが、水戸藩ではそのようなこと

はなかった。

しかし、水戸藩では九代藩主徳川斉昭に多くの子女がいた。長男慶篤は十代水戸藩主に就いたが、それ以外の男子は、受入れ側の大名家の弱みに付け込むかのように末期養子として送り込んでいる。しかも、譜代藩だけでなく、外様の雄藩である鳥取・岡山の両池田家の藩主となっている。

十一代将軍徳川家斉を手本にするような水戸徳川閥の形成である。これらの兄弟は水戸藩出身だけあって尊攘の意識が強い。そのため、鳥取藩の池田慶徳は攘夷が急務であることを論じ、攘夷貫徹を朝廷に求め「八月十八日の政変」で朝敵となった元権中納言三条実美及び萩藩毛利慶親父子の寛大な処分を幕府に求めている。この子供たちは兄弟間の繋がりが強かった。優柔不断な傾向の徳川慶篤、毀誉褒貶の色合いが強かった一橋慶喜だったが、両池田は頻繁に情報交換や進言を行い支援している。

水戸藩主徳川斉昭の子息の養子先

続柄	氏　名	養子先	養子入り			
		藩名	石高	年	歳	理　由
5男	池田慶徳	鳥取	32.5	1850	13	11代慶栄無嗣急死、末期養子
7男	徳川慶喜	一橋	10.0	1847	10	12代将軍の意向
8男	松平直侯	川越	17.0	1854	15	藩主15～22歳、養子直克に移譲
9男	池田茂政	忍	10.0	1849	10	忍藩の養子、安政の大獄で廃嫡
		岡山	31.5	1864	24	8代慶政が尊王派の勧めで移譲
10男	松平武總	浜田	6.1	1847	5	3代武成無嗣、末期養子
11男	喜連川縄氏	喜連川	0.5	1862	18	10代寅氏急死、末期養子
16男	松平忠和	島原	6.5	1862	14	7代忠愛無嗣、末期養子
17男	土屋挙直	土浦	9.5	1868	16	9代寅直無嗣、新政府命で隠居
18男	徳川昭武	清水	10.0	1866	13	1869年水戸藩相続
19男	松平喜徳	会津	23.0	1867	12	9代容保が隠居
22男	松平頼之	守山	2.0	1869	11	6代頼升が隠居

一門こぞっての支援

元治元年（一八六四）四月十一日、水戸藩主徳川慶篤が「攘夷の幕議が決まらない限り、筑波山に集結した連中を鎮撫するのは難しい」と幕府に申し開きをし、速やかな横浜鎖港の英断を関白二條齊敬・将軍徳川家茂及び禁裏守衛総督徳川慶喜に提出し、鳥取藩主池田慶徳と岡山藩主池田茂政に斡旋を依頼した。また、十四日には、前宍戸藩主松平頼位・宍戸藩主松平頼徳は、慶喜に書面を送り、横浜鎖港の英断を請い、又、池田茂政に斡旋を求めた。

水戸浪士も大将田丸稲之衛門、総裁藤田小四郎らが連名で徳川慶喜・池田茂政・池田慶徳に水戸藩尊攘の由来を述べ、「攘夷の先鋒として外国人居留地に討ち入り忠義の鬼となる」旨が記され、勅命を拝せるよう働きかけてもらいたいと書面を呈した。これに対して池田茂政は書面にて朝廷及び幕府に上奏し、野州太平山に屯集している水戸藩士等の願いを許し、攘夷の先鋒とすることを請い、二条齊敬及び徳川慶喜にその斡旋を依頼し、池田慶徳と宍戸藩主松平頼徳父子には書簡にて意を伝えた。池田慶徳も朝廷及び幕府に書面を奉じ、同様に請うた。

このように、筑波山・大平山集結時点での水戸浪士の行動に水戸徳川一門は理解を示し、こぞって支援行動をとっている。横浜鎖港を行うか否かの国家政策について、当時の世界情勢等の状況把握に差がある中、それぞれの異なる主張が生じることは理解できる部分もあるが、「攘夷の先鋒」「外国人居留地への討入」の暴力は、水戸藩も御連枝も日本政府徳川政権の一族として鎮撫すべきではなかったろうか。

四、浮浪之徒の横行が激化

水戸浪士に対する意見

元治元年（一八六四）五月十三日、当番老中井上河内守から高崎藩松平右京亮と安中藩板倉主計頭に示達がされた。「水府様御家来並びに浮浪之徒が下野国太平山へ多人数屯集し、木曾路（中山道）を上京致し候やの風聞、城下通行の節はできるだけ穏便に説得し、万一聞入れず暴行致すことがあれば、戦争に及んでも食い止めること」。風聞に対する示達とはいえ集団に対する印象は、「水府様御家来」と丁重な表現であり、水戸浪士を徹底して抑える姿勢が薄い。

これに対して、高崎藩は次のように高崎の立場と考えについて意見を述べている。

一、高崎・安中両藩は共に人数が少なく、江戸の警衛を仰せつかり多人数が出向いており、地元は甚だ手薄である。浮浪之徒に対する示達ではあるが御役廻りを御免被りたい。

一、万一城下において穏便に説得し先方も穏やかに聞き趣意が立っていれば、強いて差し留めることはない。しかし暴論を申すようならば、水府様からの御頼みであるとの証拠をもって談判に及べば、差し当たり十分名目は立つ。

一、筑波山と太平山へ先月から屯集している件については、最寄の諸家へ取締を厳重にするよう示達されたい。両藩（高崎藩と安中藩）はかけ離れているが、此度のお達しの趣は容易ならざることなので、最寄りの諸藩へ応援する御沙汰が下され、かつ私どもが差し向けている人数をそれぞれの在所へ急ぎ廻すよう仰せ付け、道筋の取り締まりを厳重にするよう取り計らい、木曽路を上京する考えを頓挫させるように。

一、太平山より木曽路へは多分上州の五料（佐波郡玉村町五料）関所を通過するであろう。この関所は利根川の急流を船で渡る要害の地で、松平大和守（川越藩）様が担当の事と承知している。今般のお達しの趣旨から、松平様の御人数を厚くされ、先ずは関所にて食い止められるように手配していただきたく、万一多勢にて関所を押通り暴行いたす場合は、最早穏便に説得することはかなわない。銘々城下の警固を引き受けることは自明の理で、対応の機会を失うことなく、精一杯差し止めるよう各様へ伺い仰せつけられたい。

風聞に対する示達であるが、江戸の警備に多くの家来を割いている立場として事情を考慮してほしいことや、中山道へ面する藩として実効ある作戦を提案している。結果としては那珂湊の戦いの後に天狗党は木曽路を上京することとなり、藩によっては穏便に説得するのではなく穏便に通過させる対応となったが、高崎藩が戦争に及んでも食い止めようとした。この示達は高崎藩にとって影響が大きかった。

浮浪之徒が高崎に

追討軍の示達と時期を同じくして、五月二十六日には、高崎藩は家臣菅谷次兵衛名で当番老中井上河内守へ浪士が現れたことを次のように報告している。

「十一日に上州岩鼻陣屋（高崎市岩鼻町）の手代から連絡があり、水戸藩の芳野馨蔵という者が安中宿まで用事があると宿籠五挺の先触を玉村宿（玉村町）へ継立、次の宿へ継ぎ送ろうとしたが、その様子が平素と変わっていたので宿役人が訴えてきた。万一怪しい者であれば急ぎ人を派遣する必要があり、城内へ家臣を揃えている。先触れが我が領分の倉賀野宿（高崎市倉賀野町）へ継立来たので取締を厳重にしている。また、太平山に屯集していた者が上州太田（太田市）並び伊勢崎などを徘徊し、隣接する藩領にも三々五々立ち廻っていると探索の者より報告がある。まだ領分に入ってはいないが、示達があったように対応する」

　ところが「高崎宿へ五月二十五日に水戸殿の家来と称する藤田芳之助、猿田忠夫という者が板鼻宿（安中市板鼻）に通行の先觸をよこすと程無くやって来て、栗崎村（高崎市栗崎町）百姓重五郎を藤岡町へ呼出し軍用金を申付けた。その趣意を糺すと、四月初旬より水戸様の御領地を出立し下野国太平山へ集まり、先君（徳川斉昭）を仰ぎ攘夷の義を企て、重役の差図を請け上州野州辺りを廻り、攘夷の志を理解した上での御用金を受取りに来たので、貪り取るのではないと答えた」「取り扱いに懸念があるようならば御用金預書を取って来るといい、両人は急ぎの用向があるので通行したい旨申出たので、藤田芳之助は差戻し、猿田忠夫と芳之助の家来と称す上野群馬之助、田中愿蔵の家来という郡司兵左衛門の都合三人は、先般の示達もあるので留め置き番人を付けておく。しかし、人数が手薄につき成る丈早く取り計らい、用済みにしたいと在所の家来から申出があった。領分外で悪業もなく家来共との応対は穏便なので水戸殿の領内へ立戻らせてもよいか。或いは通行させてもよいか。去る二十六日の浪士についての御触れあるので、一応報告するので早々の沙汰を下されたい」と。しかし、不逞の浪士と知りながら、その対応はまだ水戸家の関係者として扱い軟弱と言わざるを得ない。

上州各地で献金強要

筑波山へ浪士らが続々と集結すると、必然的に軍資金が必要となり、常州・野州・上州の豪農や豪商に攘夷のため国家のため金子を献納せよと金集めを行った。「献納」との申出をしているものの、実態は押借りであり、時には刀を振り回し強盗まがいの調達が各地で記録されている。万延文久年間は常野での献金要請が主であったが、元治になると上州においての献金強要が激しくなった。上州も関東地方の他州と同じく、幕府領と旗本領がまだら模様の如く散らばっており、取締警察力が脆弱で浮浪之徒の軍資金強要には都合がよかった。

五月十日に田中愿蔵・東直三郎・猿田忠夫が桐生新町（桐生市）の金屋善兵衛宅へ止宿、町役人の喜左衛門と重郎左衛門を呼びつけた。「攘夷のために献金をお願いしたい。拒否する者、横浜交易に関与している者には直接天誅を加える予定である。ただ、献金を申し出た者は一命を助けるつもり」というものであった。太平の世に慣れていた民衆にとって極めて傍若無人な要求であり、桐生新町を飛地として領する出羽松山藩の御用達等が集まり協議し、御用達一同で百両献金することとした。しかし、田中は即座に金額が少ないと拒否して千五百両の調達を命じた。再度会合を開き、佐羽・垣上・森・石井など七人の商人や町役人で五百両を捻出し献金することにしたが、田中は千両が最低線であると商人たちの申出をはねのけた。やむなく田中らの言い分の額を献ずることに決定した。近村の商人などにも命じ総額四千六百七十五両に達した。

その後、例幣使道の柴宿（伊勢崎市柴町）の柏屋に水戸藩士栗田源左衛門ら三名が宿を取り、翌日の昼に那波郡連取村（同市連取町）の森村園右衛門に対し旅宿への出頭を命じた。森村は病気のため代理人を出頭させると、五千両の軍資金献金を要請され請書をとられた。減額を交渉した末に千五百両で話し合いがつき、直ちに七百両を渡したが残金八百両の約束刻限に遅れたため、人質をとって木崎宿（太田市新田木崎町）へ引き上げた。請書は破棄され、当初の金額五千両を払え、さもなければ人質を太平山へ連れて行くと脅され、やむなく五百両を増額し二千両を出すことで治まった。まさに芝居などに見られる狼藉者の所業であった。この結果、連取村の森村園右衛門が千両、小山良仲が百五十両、多賀谷源兵衛が百両を出し、伊勢崎町の小暮久兵衛が三百五十両、永田屋政五郎が百両、中野屋勇助が七十五両、中野屋茂助が六十両、その他九十両、合計千九百二十五両を拠出させられた。

天狗党の軍用金調達は上州の渋川・吾妻など北毛地方や多野・甘楽など西毛地方にも及んだ。北毛では渋川付近で四千八百両（金井村二百両・祖母島村五百両・石原村七百両・川島村八百両・伊香保村二百両・野田村二百両・半田村二百両・白井宿千両・渋川町千両）、吾妻郡で千七百八十両も押借りされた。この他に軍用金調達は富岡で八百五十両、下仁田付近で四百両、そして幕府御用達の砥石産出地で栄えていた南牧砥沢村からも五百九十五両に及んだ。強盗ではなく申出に賛同しての書付が残っているため拠出者と金額が分かるが、狙われるだけの豪農ぶりであったことに驚かされる。

高崎藩領にも及ぶ

天狗党の上州における軍資金集めの先は殆どが幕府領であったが、差出人の中に高崎藩領の栗崎村五十嵐重五郎（高崎藩御領米取扱掛屋衆の一人）の名前が見られる。

下滝村（高崎市下滝町）名主天田善兵衛から岩鼻陣屋（下滝村は幕府領）に出された報告書によると、藤田ら一行が宿泊していた藤岡町の問屋と名主から善兵衛に呼出状が届けられた。陣屋御代官の御差図を受けるべきところであったが、即刻罷り出でよとのことにつき出向き報告が遅くなった。取敢えず出向くと、攘夷の義に同意し百両を借受けたいとの申出。難色を示すと抜刃の鎗を突き付けられ、違背すれば天誅を加えると言うので、拠無く五十両を差出すと答えた。別紙案文の書面を示され、異議を申すと同様天誅を加えるとのこと。拠無く五十両を差出し別紙写を添えた。

奉差上候一札之事

一金五十両

右者今般国体を被為重　尊王攘夷之基被為立度、藤岡町江御出張被成候趣、奉承知御志深感伏仕候。因而前文之金差上度段伺候處、御聞済被成下難有仕合奉存候。依之一札相添上納仕候仍而如件

上州群馬郡下滝村
善兵衛代
五六郎
差添人組頭
清兵衛

元治元子年五月廿日

藤田芳之助様
猿田忠夫　様
御家来　郡司兵右衛門様
川崎　十二郎様

藤岡町ニ而出金人名控左ニ

金百五十両也　渡瀬村亀屋太兵衛

金百両也　黒熊村三木長左衛門

金百両也　台新田村小池又兵衛　金弐百五十両也　栗崎村五十嵐重五郎
金五十両也　下滝村天田善兵衛　金五十両也　藤木戸武兵衛
金五十両也　神田村政右衛門　金五十両也　神田村彦右衛門
金千両也　藤岡町　〆金千八百両也
右金子宿村一同廿二日夜迄、藤田様猿田様共旅宿昨江
相納可申様被仰聞候事

田中派の暴徒化

軍資金強奪の主力人物に時擁館（野口郷校）館長として若い連中を率いて筑波挙兵に参加した田中愿蔵がいる。水戸藩医の次男として生まれ、水戸藩校弘道館から幕府の昌平黌にも学んだ天狗勢の中でも異色な存在であった。将軍家茂の上洛に伴って京へ向かった水戸藩主徳川慶篤に随行をしている。天狗勢にあって先鋭な考え方をし、例えば商人から軍用金を徴した際も、相手を威嚇して金銭を強奪していた。仲間等も下総国岩井や結城、下野国田所原や佐野、上野国新田や桐生に出没し富豪の家を襲っている。この様な情勢から水戸浪士を騙った強盗事件も現れ、筑波山挙兵後になるとエスカレートして行く。

巴波川船着き場（栃木市）

六月に入ると、田中愿蔵は筑波勢田丸稲之衛門の本隊から分かれて独自路線を執っていた、野州栃木町に姿を現した。この町は町の中を流れる巴波川が利根川に繋がる野州における河川動脈で、水運を利用した物資の集散地として栄え豪商が多かった。足利藩戸田家の支配地で栃木陣屋が行政を担っていた。しかし手勢は僅かな藩で、田中は足利藩役人に鉄砲などの武器借用を申し入れた。拒否されると白刃をつきつけ軍用金三万両の提供を要請した。これを拒否されると一万五千両に減額、それも断られると三度目は一万両に減額して提供を要求した。

だが、交渉は決裂。すると陣屋側から大筒が放たれ両軍の戦いが始まった。当時、栃木では相撲大会が開かれることになっていて、会場の屋根に葺くためのヨシズが束にして大量に用意してあったそうである。田中愿蔵一派は松明を手にして駆け巡り町中のその束に火を放った。

加えて、無礼打ちと叫んで女子まで切殺した。栃木の町は三、四百軒も焼失したともいわれ、罹災者は七百人に及んだ。今日でも「愿蔵火事」と呼ばれている。この栃木町焼打ちに対する住民

栃木の街並み

の憎悪は激しく、また、この田中派の暴行に関する情報が広く伝播し、関東地方各地を恐怖の世界に落とすこととなり、天狗党に心を寄せていた民心も失われるきっかけになった。因みにこれを契機に栃木の町は土蔵造りになる。

六月二十一日には、水戸街道の眞鍋宿でも田中愿蔵一派が金品掠奪と放火を行った。翌日、土浦藩の家来上田小兵衛から老中牧野忠恭に宛てた届によると、「浪士田中愿蔵と申す者のほか数十人が押参り、（土浦藩城下）眞鍋口へ警固の者を増員していたところ、朝五ツ時、俄かに眞鍋町（土浦市眞鍋）へ放火し、眞鍋口へ向け砲發した。土浦藩一番手から五番手の人数を早速出張させ防禦の手配を行ったが、（土浦城）立田郭の方へ敵方の一組が廻ったので、そちらへも一隊を差出し、（藩主）采女正が差図を行うも城内一円灰を冠り、眞鍋町家の大多数は焼失した」。

二十一歳の田中を中心とした一派は、水戸藩以外の他国の者や農民たちが多いこともあり、武家出身の藤田小四郎らは、田中らの言動が粗暴威圧的で思慮に欠けることに懸念を感じ、疎んじる傾向にあった。各地における金品強奪や殺害などが、皆田中派の仕業にされてしまったきらいもあるが、この事件を契機に田中愿蔵は天狗勢から除名された。天狗党の多くと一部の家族まで維新の功労者として靖国神社に合祀されているが、田中愿蔵は祀られていない。

また、天狗党を騙る「偽天狗」まで出没している。これまで攘夷という大義もあり、浪士の軍資金調達に比較的好意をみせていた人々にも大きな衝撃を与え、庶民も諸藩も水戸浮浪之徒の乱暴狼藉に対し疑念を持ち出した。つまり、尊攘の大義と言っても所詮尊攘思想を持った一部の藩士と郷校出身の上層農民の尊攘論で、最早、大多数は「暴徒」と思われても仕方ない集団となっていた。

第三章　第一次追討「常野州戦線」

天狗事件は民衆に対する献金強要の地域が広がり金額もエスカレートし、狼藉行為が暴徒化するに及んで、幕府は水戸藩へは勿論、諸藩に対しても取り締まりを強化するよう示達を発した。加えて、水戸浮浪之徒が筑波山で旗揚げし、軍事行動を起こすと漸く追討に動き出した。浮浪之徒は筑波山麓の下妻地方を中心に暴れ始め、幕府追討軍と激突する。高崎藩にとってこの第一次追討戦線は非常に大きな出来事となった。

一、幕府の浮浪之徒追討命令

水戸藩への鎮圧命令

幕府は、水戸浪士らの集結目的が横浜鎖港にあるということから、万一実力行使で横浜居留地などへの暴行が起こることを懸念し、老中板倉勝静が五月二十五日水戸藩家老を呼び出し命令した。「太平山などへ多人数が集結しての不穏な動きは、中納言殿（徳川慶篤）には先君（徳川斉昭）の遺志を継ぐことはできないと侮り、多人数の威力で上を制圧しようとする臣の道に背くものである。更に、法を犯し、攘夷義捐金と称して他領で押借り同様の狼藉を働いている。これでは世上の嘲りを受け水戸家の恥辱であろう。一刻も早く水戸表へ引き取るよう取り計るように」

併せて老中牧野忠恭が諸藩へ次のように命じた。

「浮浪之徒の取り締まりについて、野州太平山、常州筑波山等に多人数が集屯し所々を横行している。このことは水戸殿の御家来並び御領分の者共が、贈大納言（水戸斉昭）様の遺志を継いでの行動と申し唱えている由と聞いている。従って、水戸殿において取り鎮められる趣のことを仰せられたので、御任せにしておきましたところ、増長し、異形の躰をして二三十人位ずつ群り歩行し、金銭を借用いたしている。怪しい者を見受けた場合は、仮に水戸殿の御名を相申し立てても召捕え、手向うならば斬り殺すことも撃ち殺すことも構わない」

ようやく、水戸浪士が関わっている暴挙は水戸藩の問題であるから、水戸藩が自ら鎮圧するよう幕命を出した。そして、水戸藩が自ら鎮撫することを認めたこともあり、「水戸浪士」としていた集団は「浮浪之徒」と呼ばれ、諸藩においても怪しいものが現れたら鎮圧をするよう命じた。しかし、具体性がなく実効性が疑わしいものであった。

常野州諸藩への命令

五月下旬に水戸藩へ浮浪之徒の鎮静命令を出したが、筑波勢が再び筑波山へ集結したことや、田中愿蔵一派が栃木町で強奪、放火、殺戮を起こした異常事態から、六月九日、幕府は常陸国の谷田部・下妻・下館・土浦・府中・宍戸、下野国の宇都宮・壬生・足利、下総国結城と武蔵国川越の各藩に対し、常州・野州で横行する浪士討伐を命じた。また、下総国の古河・関宿と上野国館林の三藩及び旗本本多修理と宇津頤之助等に、各藩の領地又は代官支配地における戒厳を、又、諸国関所を警衛する諸藩等に、萩藩（長州藩）追従の浪士と筑波山屯集の徒党との連絡を遮断すべきことを命じた。「萩藩追従の浪士」は、六月五日に京都で池田屋事件が起きたことがあっての示達であろうが、関東の諸藩ではこの時点で池田屋事件の報は分からず、「萩藩とは？」であったであろう。

　これに対し命令を受けた諸藩の一つ下妻藩は老中牧野忠恭へ次のように申し出た。
「野州辺りに集屯の浮浪人の輩を追討せよとの義、松平右京亮と牧野越中守の出張に拘わらず、先達て御達があった通り早々追討仕るべき旨、一昨夜、御書付を渡され承知した。早速出勢するよう在所表の家来共へ遣わしたところ、この度、筑波山や府中等に集まっている浪賊共は多人数の風聞がある。近領の者で申合せ出勢しても無謀の戦闘となり難い。恐れているわけではないが、十分に形勢を推量しなければ、挑戦しかねるので、まず自国を警衛したい。当藩は小人数なので指揮が行き届きかね心配当惑している」。少人数ながら粉骨砕身努めるが不安であり指図をしてほしい旨を吐露している。

　一、二万石藩では本拠地に陣屋が設けられているものの、兵力は百人足らずに過ぎない。幕命が注意だけであれば了解したということになるが、浮浪之徒との戦闘には対抗できないのが真実であろう。浮浪之徒は相手を選ばず自軍にとって有利な行動を執ることは自明の理である。

下妻藩の苦慮は当然であった。小藩への示達だけでなく、この段階で、幕府として軍事力による鎮圧体制の構築と出陣が必要であった。一カ月後、筑波勢は高道祖村（下妻市高道祖）に進み幕府軍と衝突することになる。

高崎藩を揺るがした命令

六月十一日に、幕府は高崎藩主松平（大河内）右京亮輝照（後に改名し輝聲）に登城を命じた。輝照は御座間で将軍家茂に謁見、同席した笠間藩主牧野越中守貞明に対し、野州辺りにて暴行（強盗や放火）を行っている浮浪の徒党が、ますます不法な行為をエスカレートさせているので追討を命令する。早々に出陣して鎮静させるよう取り計らうこと。近隣諸藩にも追討逮捕を示達した。討ち漏らすことのないようにと左の通り命じた。

「野州辺ニ暴行致居候浮浪徒、追々不法之所業相募候付、追討被　仰付候間、早々出張鎮静致候様可被取計候。尤近領之面々江も追補之儀相達候間、諸事申達不討洩様可被致候」

幕府の御使番（監察）として永見貞之丞と小出順之助の派遣を決め、幕府軍が編成された。すなわち、同日、老中牧野忠恭から常野諸家が呼び出され、「野州辺屯集之浮浪輩追討」を松平右京亮と牧野越中守へ仰せつけたので、目付永見貞之丞と小出順之助に従い、早々に追討軍に加わるよう仰せ渡された。

この知らせを受けた高崎藩首脳は困惑した。命令からすれば藩主輝照が浪士追討軍の総督の立場におかれるからである。受諾するか辞退するかで意見が分かれた。幕命であっても辞退すべきとの意見が大勢となり、江戸詰家老田中正精と留守居役菅谷清允が立場を説明するため出頭し老中牧野忠恭にその旨を申し立てた。

命令に対する高崎藩の考え

高崎藩は命じられた二日後に、老中牧野忠恭に対し松平右京亮家来菅谷次兵衛の名前で意見を提出した。

「野州辺りの浮浪之徒の追討を仰せ付かり、出陣して鎮静させることは武門の誉れである。しかし、重役共で協議したところ、本来水戸様の手によって取鎮められるべきと申し上げたい。大体にして浮浪之徒は水戸様の元御家来並びに御領分の者が主な者で、しかも、贈大納言様の御遺志を継いでいると唱えている由。従って水戸様が取鎮められるようお願い申す。最寄の諸藩も在所城下を守っていると聞くが、水戸様のご対応を見計らっている。

ところが、御目付が差し向けられ、当藩主右京亮が出張り諸家と協議し追討せよとのことは、総督の立場でということになる。若年の藩主では恐れ多く、万一の場合幕府の威光に差し障りが出る。浮浪之徒を追討し鎮静させたとして、水戸様は将軍様と御連枝の関係にある。水戸様の御領内で骨肉の争いをすることは、天下瓦解の原因を生ずるかもしれない。

藩主の右京亮は若年であり家来共憂慮に堪えない次第である。水戸様が人数を差出されれば追従し追討仕る。さすれば水戸様を蔑ろにすることもなくなり、家来共一同の疑念も消散し、士気が一層高まることとなり有難きことである。このように重役共を始め一同お願いすることになった。意ある御沙汰を下されるよう懇願する」

松平大河内輝聲公
（明治初めの肖像写真）

高崎藩主が若年では総督として適任ではないと申し出たが、この時点で常陸・下総・下野・上野の諸国において、佐倉藩や関宿藩なども藩主が若年であったから、高崎藩が辞退することは強いての理由にはできないかもしれない。しかし、一軍の将が未成年では覚束ないことは常識であろう。それ以上に決定的な辞退理由は、水戸藩は将軍家と御連枝の関係にある。水戸様の御領内で骨肉の争いをすることは天下を揺るがすかもしれない。その体面を慮って遜っているものの、水戸藩士や水戸領内の連中の取締を水戸藩が主となって出来ないものだろうか。至極当然である。

　この申出には含まれていないが、関東地方で高崎藩より規模の大きい藩に川越藩や佐倉藩があり、水戸近隣にして高崎藩と同程度の藩として宇都宮藩・古河藩がある。何故遠方の高崎藩が追討軍の主力として命じられたのであろうか。疑問である。

高崎藩からの意見が影響したのか、三日後の六月十六日に幕府は野州暴徒追討について、水戸藩が追討軍を出すことになったので高崎藩と佐倉藩に水戸藩を応援することを命じた。そして笠間藩には追討の任を解いた。笠間藩も佐倉藩も水戸藩領に隣接し、いずれも派兵が適当な藩と考えられる。しかし、佐倉藩は笠間藩の代りであり、遠方の高崎藩の代りではなかった。この変更は何であったのだろうか。幕末における笠間藩牧野家は、藩主の相続問題から本家筋にあたる長岡藩牧野家の差配を受ける状況になっていた。一連の幕府からの追討命令の当番老中は長岡藩主牧野忠恭であり、笠間藩の出陣に対して配慮したのであろうか。

二、幕府と諸藩連合軍の出陣

幕府軍の創設

六月十七日、幕府は使番永見貞之丞・目付小出順之助を含む歩兵・騎兵・砲兵を三千余人の幕府軍を編成した。水戸藩内の筑波勢に反対する市川三左衛門ら約七百人も加わって江戸を出立した。千住から日光街道を下り、六月二十一日先方隊が古河町に到達したが五日もかかり、全軍が古河を通過し終わるまで九日かかっている。江戸から古河まで十六里（約六十四キロ）の距離で急げば一日の距離である。将軍の日光参社は江戸を出ると翌日には古河についている。

これから戦闘に向かう軍隊にしては動きが緩慢で、戦意について疑問を感ぜざるを得ない。

江戸時代は天草の乱以降は長期の平和な状態となり、伝統的な軍事組織は形骸化していた。しかし、外国からの脅威が増大して来たため、幕府は西洋式軍備の部隊の創設を中心に軍制改革を実施した。その一つとして、文久二年（一八六二）十一月に、陸軍奉行を長として歩兵奉行・歩兵頭を新設した歩兵組織の整備に着手し、歩兵・騎兵・砲兵の三兵編制を導入していた。そして天狗党事件が初陣となった。

元治元年（一八六四）六月二十一日歩兵奉行並三兵取締藤澤志摩守次謙（禄千五百石、文久三年五月に歩兵頭に就任し高二千石）から、「野州辺之討手」として高崎藩のほか次の諸藩へ書付が届けられた。いずれも六月九日に浮浪之徒追討を命じられた藩であった。水戸藩連枝の府中と宍戸のほか土浦・笠間・谷田部・下妻・下館・宇都宮・壬生・足利・結城の各藩である。しかし、中堅規模の川越・古河藩が含まれておらず、実際は出陣しない藩もあった。

「野州辺の浮浪之徒を水戸殿が追討に及んだので、応援として幕府から人数を差し遣わす處、この度、幕府の人数に対し浮浪之徒が兵端を開いたとの注進が届いた。ついては、諸家申合せ、永見貞之丞、小出順之助並び歩兵役と申合せ、早々に追討せよ。このことは水戸殿へも通達してある」。水戸殿にも通知したとあるが、鎮圧軍が組織されてはいなかった。

水戸藩主徳川慶篤は、執政榊原新左衛門と大久保甚五左衛門、家老鳥居瀬兵衛等に対し、帰藩して藩士を鎮撫するよう命じたが、途中で水戸より大挙して江戸へ上ろうとする藩士に遭遇し、逆に藩政改革について話し合うこととなり、藩内の主導権争いとして立ちはだかる執政佐藤図書や朝比奈弥太郎を退け、横浜鎖港の実施を嘆願されてしまう。

若年寄田沼意尊が追討軍総括

天狗党追討軍編成時の若年寄

数字は石高

若年寄名	就任年	年齢	退任年	在任	藩・石高
田沼意尊	1861.9	42	1866.1	5.1	三河相良1
稲葉正巳	1862.3	46	1864.9	2.6	安房館山1
平岡道弘	1862.8	64	1867.5	4.9	安房国内1
松平乗謨	1863.1	23	1864.6	1.5	三河奥殿1.6
立花種恭	1863.9	28	1868.1	4.4	陸奥下手渡1
本多忠紀	1864.7	45	1864.12	0.5	磐城泉2
土岐頼之	1864.7	37	1864.12	0.5	沼田3.5
酒井忠毗	1864.7	49	1865.11	1.4	若狭敦賀1

一カ月後に組織された長州討伐軍と浮浪之徒の制圧とでは比較にならないが、本事件の幕府軍は組織的に疑問がある。開幕以来二百五十年近く平和な時代が続き、組織が戦時体制にそぐわない状態になっていた。幕府軍は旗本と御家人で組織されるから頭は若年寄となるものの、諸藩を動員するのであれば、浮浪之徒追討幕府軍のトップは少なくとも老中であるべきである。しかし、若年寄田沼意尊であった。

何故田沼だったのだろうか。当時の若年寄は田沼のほか稲葉正巳、平岡道弘、立花種恭であった。平岡道弘は十二代将軍となる家慶に仕えたことを契機に幕府要職を務めていたが、旗本の身から出世し番方（武官）の人物ではなかった。稲葉正巳（安房館山藩主）は外国御用取扱掛・海陸備向取扱を担当し、立花種恭（陸奥下手渡藩主）も外国事務管掌に任じられており（八月には十四代将軍家茂の長州征討に従って大坂へ出張）、消去法的に田沼が命じられたのではないかと思われる。

田沼意尊は遠江相良藩主田沼意次の四男意正の孫にあたる。意次は十代将軍徳川家治の側用人から老中として、多くの幕政改革を行った一方、その権勢を妬む勢力があり、長男で若年寄であった意知が江戸城内で刺殺されたことを契機に、五万七千石を召上げられ蟄居処分となった。意知の長男意明は下村藩一万石として存続できた。二代意壱、三代意信、四代意定と跡を継いだ藩主がいずれも十代で就任し二十歳そこそこで死去したため、意知の弟意正が五代藩主となった。その後に意定は相良藩へ一万石で転封となり、結果として先祖の地へ返り咲くことができ、意留を経て意尊が相良藩主となった。

意次の曽孫として意尊はどのような思いでいただろうか。意次の失脚がありながら意正が若年寄へ就任できたことは、意次が徳川家斉の十一代将軍就任に奔走してくれた恩義に報いるため、意正に気を配った結果であったと言われる。そのようなこともあってか意尊は意正から幕府に忠勤を励むよう薫陶され、祖父に倣って若年寄に就任する必要があるとの願書を作成した。「未だ年数も無く、殊に不肖の身ながら願い奉り候は甚だ恐れ怖しく奉り候得共、自然若年寄の御役仰せ付けられ候。御時節も御座候節は、何卒右御役仰せ蒙り度く、故玄番頭（亡父意正のこと）素意を継ぎ精勤仕り、聊か御恩に報い奉り度き心願に御座候」と。結果心願が叶って若年寄に就任出来た。天狗党への執拗な対応は幕府に対する偏った過度な忠誠心からと言われる。

長州征討の幕府軍編成

常野浮浪之徒追討のための幕府軍結成より時期的には少し遅かったが、七月二十三日に長州征討の幕府軍が組織された。比較するには結成目的が大きく異なるが、長州征討軍総督には御

第１次長州征討軍藩

石高：万石

国	藩	大名	石高	国	藩	大名	石高
安芸	広島	浅野	43	伊予	松山	松平	15
安芸	三次	浅野	3	伊予	宇和島	伊達	10
備後	福山	阿部	11	伊予	今治	松平	3.5
備中	松山	板倉	5	讃岐	高松	松平	12
備中	庭瀬	板倉	2	阿波	徳島	蜂須賀	25.7
備前	岡山	池田	31.5	豊前	小倉	小笠原	15
美作	津山	松平	10	豊前	同新田	小笠原	1
美作	勝山	三浦	2.3	豊前	中津	奥平	10
石見	浜田	松平	6.1	筑前	福岡	黒田	47.3
石見	津和野	亀井	4	肥前	佐賀	鍋島	35.7
出雲	松江	松平	18.6	肥前	唐津	小笠原	6
出雲	広瀬	松平	3	肥前	島原	松平	7
出雲	母里	松平	1	筑後	久留米	有馬	21
因幡	鳥取	池田	32.5	筑後	柳川	立花	10.9
播磨	山崎	本多	1	肥後	熊本	細川	54
播磨	竜野	脇坂	5.1	薩摩	鹿児島	島津	77
				信濃	松代	真田	10
				越前	丸岡	有馬	5

主な不参戦藩

石高・万石

国	藩	大名	石高	国	藩	大名	石高
讃岐	丸亀	京極	5	豊後	臼杵	稲葉	5
伊予	大洲	加藤	6	豊後	岡	中川	7
筑前	秋月	黒田	5	日向	延岡	内藤	7
肥前	平戸	松浦	6.1	日向	飫肥	伊東	5.1

三家の尾張前々藩主徳川慶勝、副総督には越前前藩主松平茂昭が当てられている。慶勝・茂昭ともに「前々藩主」「前藩主」であるが実質上は尾張藩と越前藩の藩主である。また、動員された藩も表の通り長州を取り巻く中国・四国・九州の三十四藩十五万人に及んだ。幕府軍が編成されたのは、江戸時代初期に島原の乱を鎮圧する時で、まだ江戸幕府が勃興して間もない時代である。上使（総督）は当時の幕府を支えていた老中筆頭の松平信綱、副使は大垣藩主戸田氏鉄が務めており、軍勢も九州の殆どの諸藩（福岡・小倉・久留米・柳河・島原・唐津・佐賀・熊本・高田・延岡・薩摩）と中国地方の福山藩による十五万人であった。幕府の権勢が動員した軍編成が乱を抑えた。

三、ついに武力衝突

高崎藩が野州へ出陣

高崎藩の野州出兵について、旧高崎藩士石原応恒の『下仁田戦争感想録』に記されている。「六月二十五日、在城の老臣長坂又左衛門忠恕が士大将となり、大砲三門（六門ともいわれる）と士卒約一千余人（若党鎗持等を含む）を指揮し、野州小山（小山市）方面に向かって出陣した。翌二十六日在府の老臣田中助之進正精は、在府の士卒を以て編成した一隊の士大将となり、長坂隊とほぼ同様の兵力を以て長坂隊の後を追跡し、同じく小山へ向かい進発した。

この出陣には両隊共に甲冑を用いず、陣笠、野袴の軽い出で立ちであった（この出陣は一刻を争う状況ではなかったので軽装であった。後日の下仁田戦争では直ちに追撃する状況にもかかわらず戦国時代のような武装で出陣している）。幸いにも太平山屯集の賊徒等は忽ち鎮静したので、出先の幕吏より諸隊引揚げの令があった。この行動日数は、出発から帰還まで僅かに三週間に過ぎず、又、何等特記すべき功績もなく帰城した」とある。

また、寺田五右衛門遺稿『甲子筑波遣中日記』にも「藩士が招集され藩主からの軍令状を聴聞、武者奉行から士卒に至るまで藩主から盃を戴く。出立前は、朝五ツ時に支配宅へ揃い、四ツ時には追手門内へ集まり、青春院様の屋敷前から二ノ丸へ繰り込み、行列帳の通りに整列。殿様が本丸辰巳櫓よりご覧になられていた。昼食は倉賀野宿で各人が腰に携帯した兵粮を食す。合図は拍子木により、一番で支度、二番で整列し、三番で出発。夕刻玉村宿に着陣した」と記載されている。ただ、いずれも出陣時の状況に触れているだけである。

しかし、『高崎藩近世史略』では、出陣時の状況について『下仁田戦争感想録』や『甲子筑波遣中日記』とほぼ同趣旨の記述の後「分遣隊先ヅ常州下妻ニ至ル将ニ明日ヲ以テ我ガ全軍ヲ進メントス。其夜半下妻ノ水藩陣営ヨリ火起リ賊徒モ亦突然数處ニ放火ス。其形勢恰モ内外相應ズル者ノ如シ。我ガ分遣隊大砲方櫻井勝五郎等大ニ怒リ直ニ進撃ヲ謀ル。用役飯野翼既ニ逃レ、徒士頭深井藤彌持重シテ、而シテ賊軽ク筑波ニ退ク」と僅かながら夜襲を受け放火されたことには触れているが、逃走した記述は見られない。

常州高道祖村・下妻の戦い

七月六日に、常野追討の幕府軍は歩兵・騎兵・砲兵が約二千五百人、水戸藩執政市川三左衛門が率いる一隊が下妻に着陣した。下妻は筑波勢の根拠地筑波山の西麓に位置し、瀬戸井街道（国道１２５号）と下妻街道（国道２９４号）が交叉する要所である。このことを知った田丸稲之衛門は、応戦態勢を確立するよう筑波山に立て籠った全軍に指示し、根本新平率いる隊が下館口へ、須藤敬之率いる隊が北条口へ、藤田小四郎・三橋半六の一隊が下妻口を固めた。三橋等を先陣とし、二陣は飯田軍蔵、後陣を藤田等が率いて筑波山を下り、下妻のまちまで二里ほどの洞下村（つくば市洞下）に陣を布いた。

七日早朝、永見貞之丞率いる追討軍が下妻を発し、一里ほどの距離にある高道祖村（下妻市高道祖）に着陣した。報告を受けた飯田軍蔵は、直ちに出陣し洞下と高道祖との間で戦闘が展開された。追討軍は高道祖村入口の藪の中に大砲を備え砲撃、筑波勢は兵員も総勢百六十人と少なかったので敗れ筑波山方面へ退却した。ただ、この緒戦は小競り合いに近く双方わずかな死者を出しただけであった。

戦闘後、幕府軍は下妻に戻り、多くの寺院や民家に分宿

幕府軍本営の多宝院（下妻市）

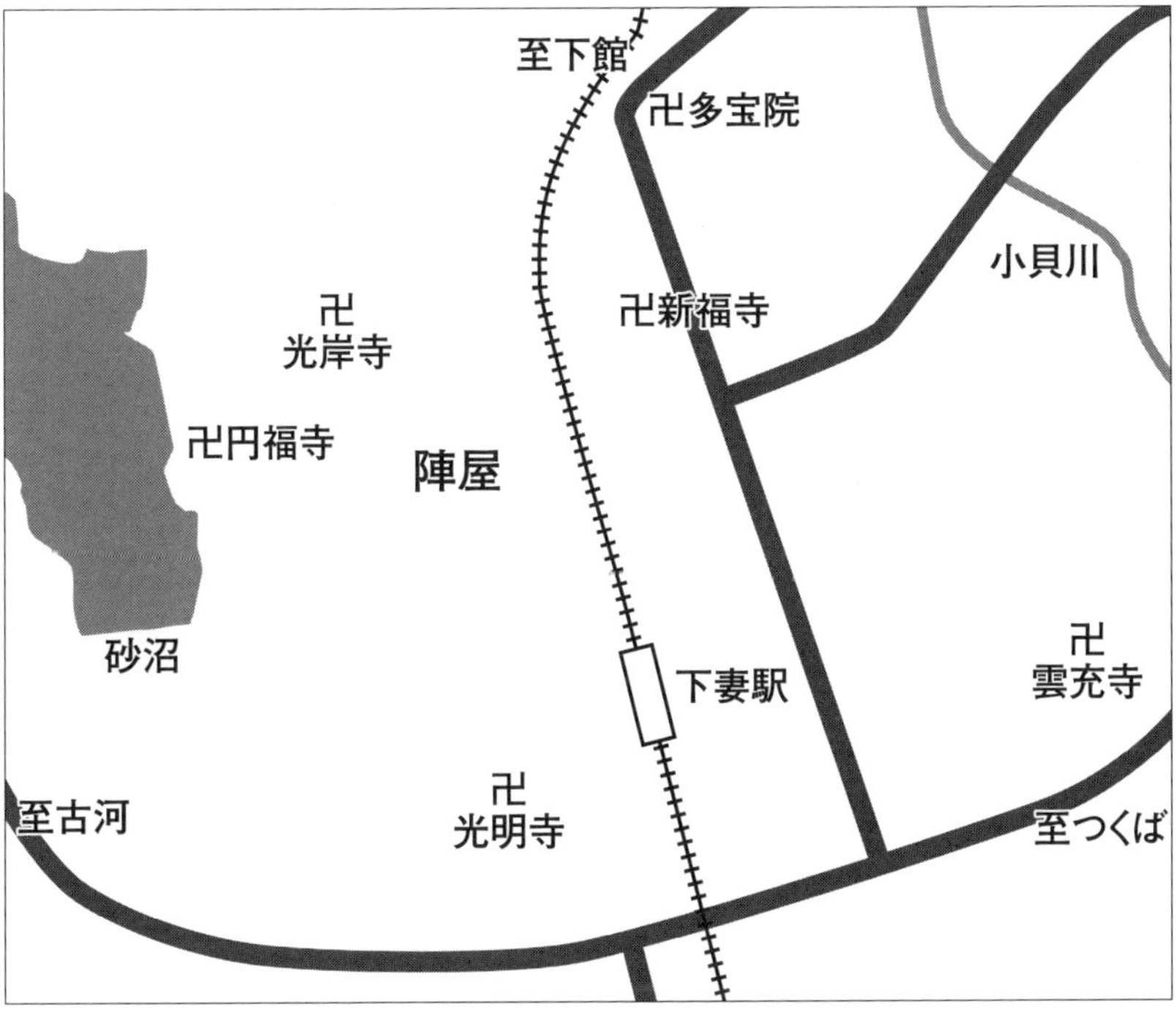

下妻幕府軍宿営

した。下妻藩の城下とはいえ一万石のまちなので、二千を超える軍勢を宿泊させる施設はない。そのため本営も多宝院（目付永見貞之丞と関東取締出役広瀬樟平ほか八十七人）、円福寺（歩兵頭北条新太郎以下八十人と遅れて到着した歩兵奉行藤澤志摩守以下四十五名）、光明寺（目付小出順之助と関東取締出役石井鑵之助以下七十五人）の三ケ所に分かれ、その他の兵員も民家十数ケ所に分宿した。水戸勢も新福寺に市川三左衛門ら九十五人のほか、民家五、六ケ所に宿をとった。戦場でも離れた場所に陣を張るので問題はないが、本営が分散し見張・伝令を用意してないことは軍隊とは言えない。そのうえ、多宝院では戦勝に気分をよくして祝宴を張っていた。

一旦退いた筑波勢は軍議を開き、地元出身で地理に明るく多宝院の檀家でもある飯田軍蔵は夜襲を提案した。二隊に分かれ、一隊は三橋半六らが率いて高道祖路へ、他の一隊は藤田小四郎・飯田軍蔵・竹内百太郎らが率いて、小貝川を渡り多宝院を急襲して火を放ち、幕府軍は目付永見貞之丞をはじめ潰走させられた。この時、高崎藩の先遣隊百三十人が下妻町の雲充寺に到着、後陣は結城藩兵と共に関本村（関城町関本）に布陣していた。雲充寺に到着したばかりの高崎藩は、追討軍の本営多宝院から火の手が上がったのを見て大いに驚き戦わずして逃げ出した。何故夜に到着する必要があったのか解せない。翌日、大敗した幕府軍と追討諸藩は下妻の中楽原に野営したので、下妻藩の重役は下妻陣屋の守衛を追討軍に申出たが、幕府目付の永見がそれを拒否したので陣屋の放棄を決意し自らの陣屋に火を放って江戸へ退散した。結果として筑波勢はさしたる損害を受けず、武器や弾薬などを分捕ることができ、この戦勝のことが広く知れ渡り、仲間が四百人余り集まったと言われるほどに多大な成果が上げられた。

高崎藩の逃走に対する風聞

しかし、この出来事について『高崎市史』にも『下妻市史』にも、高崎藩が夜襲をかけられ狼狽慌てふためき戦場を逃げ去ったと書かれている。いずれも横瀬夜雨著『天狗騒ぎ』からの引用で、著者は大宝村（下妻市）村長横瀬忠右衛門の次男に生れた著名な詩人。夜雨の祖父が残した古記録をもとに多くの天狗党関係史料を調べ著したものである。著者は「天狗騒動が私の地方からだんだん忘れられかけて居る、というよりも既に忘れられてしまったと言う方がよい。それ程当時の騒動から遠ざかって来たのだ」と、下妻地方に甚大な被害を与えた事件が人々の記憶から消えてゆくことを懸念して執筆したものである。夜雨の父も天狗党に二百両押借りされ、下妻のまちと共に放火の被害に遭っている。

『天狗騒ぎ』の高崎藩に関わる部分は、

「右京様の勢大に恐怖し候處、

高道祖付近

土地不案内の者計にて只大道を走り候處、不図宗道河岸へ出漸く一息吐き、渡しを越えて鎌庭村へ出、川尻村へ継立、再び桐ケ瀬の渡しを越え関本村（高崎藩の本隊が布陣していた）へ走り候。此亦弱士哉」「右京様でなくて卑怯様だと笑われた高崎連は、宗道の中河岸へ辿りついて朝飯を求めたので、炊いて出すと食べずにまた逃げ出して、鎌庭の渡しを越え、高崎（高崎藩部隊が駐屯していた関本村のことであろう）の方角を聞いた。

此川の流れに沿うて何処までも上へ行くのだと教えられ、馬の足を早め川尻まで駈けさせると、下妻の火がだんだん近くなってくるので、宗道へ出て鎌庭を通って随分駈けた筈だがと、土人に遭って、下妻は此處から何里かと聞かせると一里だといふ、それでは大変だとまた候疲馬に鞭打って北へ北へと走り去った」

下妻のまちが焼かれ幕府軍や水戸藩が逃げるように退却したことは他の史料から事実であり、高崎藩の退却も史実である。この文章から高崎藩が逃げた

高崎藩が宿陣した雲充寺（下妻市）

とする道筋は地元民ならではの具体的記述がなされているが、この場にいた高崎藩は、下妻田町の早川與吉家蔵書『浮浪人追討御役人其外写』には「御先陣凡百三十人」とあり、将はいなかったので、荷馬はいたであろうが馬に関する記述は過剰ではないか。一方、雲充寺から宗道河岸は一里ほど南西で、本体が駐屯していた関本村とは方角違いに気づき、北上して道を尋ねた川尻は一里半以上の距離である。見知らぬ土地、しかも夜道を夢中で駆けた様子が伝わって来る。ただ、この一帯は殆どが旗本の知行所に加え相給のため、地元民もどれほど地理に案内であったかは疑問である。筆者は身体の具合が悪く歩き回れないから、誰かがそれぞれの村の古老に聞いて回り一連の話になったのであろう。

著者の横瀬夜雨は「（古老から聞いた）話はどれだけ事実かといえば、（中略）三つだけ」「最初あつめた口碑はすべて駄目だった」と前書き部分に記述している。つまり記述内容は伝承にありがちな誇張されている点があると思われる。というのも、『天狗騒ぎ』は刊行される前に地元紙のような月二回発行の「常総タイムス」に読物的に連載されたものである。多くの史料に基づいているが、下妻夜襲などについては、地域の人々から忘れかけていたことを呼び起こすことが狙いであったようである。

連載された時期は天狗党事件後六十年経った大正十二年（一九二三）で、読者に面白く伝えるため駄洒落や狂歌のような表現で「右京様は卑怯様」と言ったのではないかと思われる。江戸の町民ならともかく、当時の下妻地方の農民では目の前の武士が高崎藩であることも、高崎藩主が松平右京亮であることも知らなかった筈である。恐らく連載の頃に知ったことであろう。しかし、「右京様ではなく卑怯様だと笑われた」のフレーズがその後独り歩きし、また、高崎藩が下仁田に出陣した理由にまで使われるようになった。

高崎藩退却し再起を図る

この時、官軍は食糧が乏しいので退却し諸藩も敢えて進撃しなかった。宿割りのため出向いた者たちが戻り事変について本体に報告し、武者奉行田中正精と長坂忠恕が協議し、幕府目付永見貞之丞と今後の方針を協議。結城と下館に兵を置いて筑波勢に備えよとの指示があったが、田中正精は長く戦地にいたので、しばらく休養のため撤兵を陳述した。目付の永見は、初めは高崎藩の不首尾を避難したが、結果これを良しとした。実は、永見は高道祖の戦いで死亡と伝えられたほど所在が判らず、寺の縁の下へ潜み隙を見て裏の畑へ逃げ出したとの風聞があった。自分も臑に傷を持つ状況で強く命令できなかったのかもしれない。

第四章　第二次追討「常州決戦」

天狗事件の最初の武力衝突において幕府側は賊徒を抑え込めなかった。幕府は創設した陸軍を中心に諸藩を動員し完全制圧に出陣した。後に「那珂湊の戦い」と呼ばれる一大決戦となった。高崎藩も再び動員され参戦している。この戦いは対峙する者が分かりにくい陣営で、第三者から見れば水戸藩関係者が敵味方に分かれ、水戸藩主名代が切腹に追いやられ、血で血を争う悲惨な争い発端となる異常な追討戦線であった。

一、幕府諸藩連合軍が出陣

高崎藩銚子陣屋に集結

常野二州で暴行を働いていた賊徒が筑波山を下り所々に出没し、水戸藩の騒擾は更に倍々拡大したので、幕府から高崎藩に対し再び出兵の命令が下った。野州から引揚げて未だ一カ月ならざるに、再度の出陣命令である。今回は、水戸を目指して銚子から出陣することになった。銚子は高崎藩に三ケ所あった飛地の一つである。

銚子の陣屋に高崎及び江戸にいた士卒が集合し、二隊に編成して、番頭深井資信と宮部義虎を各々の長となし、在城の老臣津田次幹が士大将となり隊を指揮して進発した。水路利根川を遡り、潮来を経て、途中賊徒を駆逐しつつ水戸南方に進んだ。そこで那珂川を隔てて那珂湊及び反射炉に布陣した敵に対し包囲攻撃を行い、約四十日間にわたり戦闘が続けられた。

幕府軍が結成初の出陣

七月八日、幕府は若年寄田沼玄番頭意尊を第二次の常野追討軍総括に任命し、今回は笠間藩も宇都宮や高崎など十一藩と共に常野追討軍の応援を命じられた。二十六日常野追討軍は進発し笠間城下を前線基地として浄土宗月崇寺に本陣を設けた。月崇寺は水戸城下から西へ五里半（約二十二キロ）ほど離れた、結城街道（現国道五十号線）に面した場所に建ち、大軍を駐屯させるに足る大きい寺院であった。しかし、水戸城下までは五、六時間はかかり、更に那珂湊までは十時間近くの距離であった。水戸藩の内情が分裂していたとはいえ、水戸城近くに陣取る必要があったのではないか。指揮官の田沼はこの時以降も常に前線からかなり後方に位置していた。

月崇寺（笠間市）

幕府軍幹部
若年寄・田沼玄番頭意尊（遠江相良藩一万石）
兵粮奉行・大岡兵庫頭忠恕（武蔵岩槻藩二万石）
御番頭・神保山城守相徳（六千三百石）
大目付・志羅楽弾正（千四百石）
　田澤対馬守政路（二百俵）
御小姓番頭・井上越中守正常（五千石）
御書院番頭・織田伊賀守信裕（千三百石）
御先手番頭・土屋金之助（三千石）
御目付・高木宮内守庸（五千石）
御使番目代・小出順之助有常（五千石）
大砲頭・萬年真太郎（千石）
歩兵頭並・織部碩茂（二千石）
御持筒頭・松平左内勝文（千石）
別手組・大久保新五左衛門（二百俵）
　多賀外記高補（五百石）
御小姓小十人組・竹内日向守幸彝（六百石）

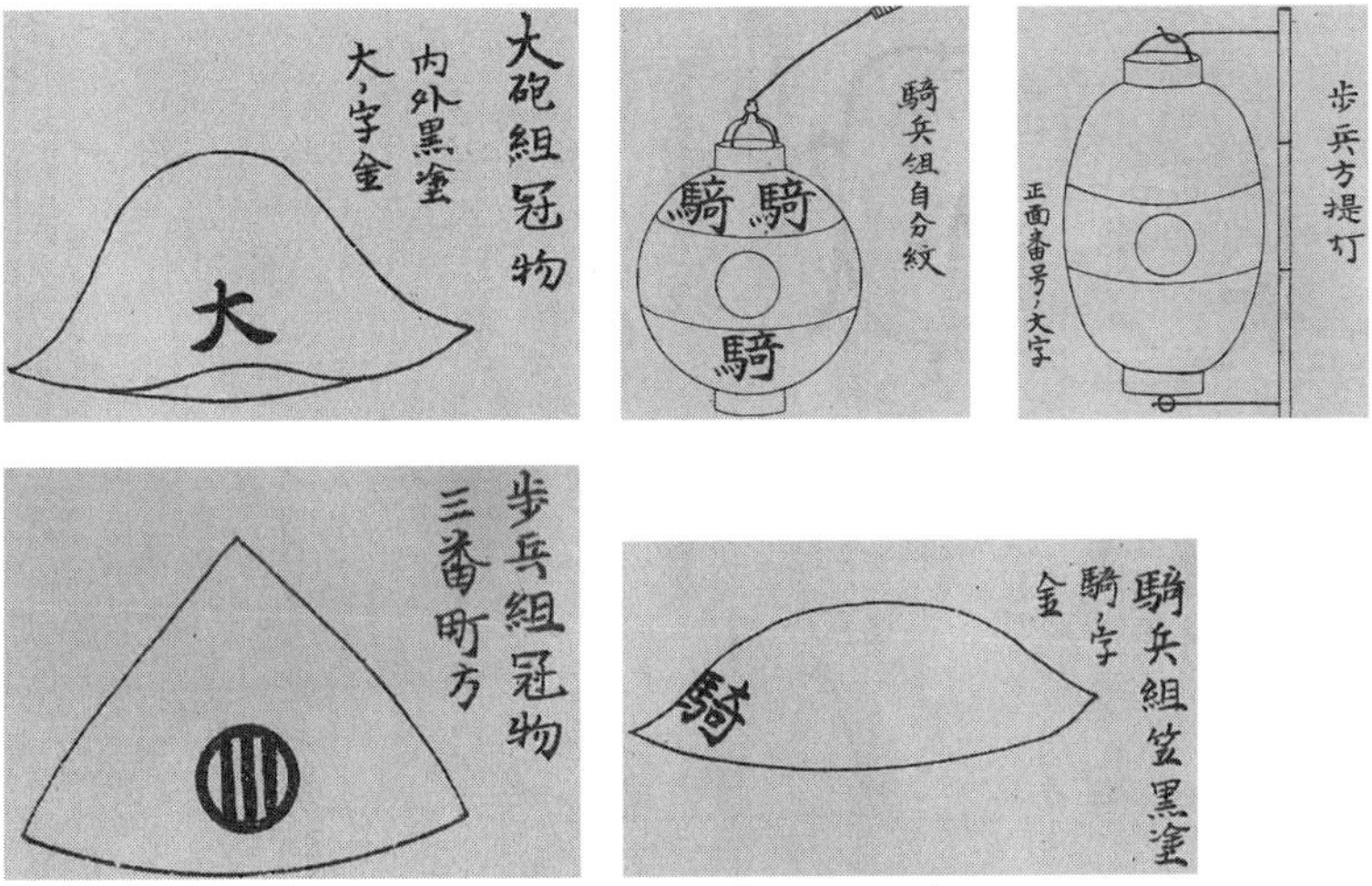

官軍（幕府軍）諸家合印の一部

歩兵頭・平岡史郎兵衛準（二千石）
歩兵頭並・松岡庄之助（千石）
　　北條新太郎（千石）
御使番・日根野藤之助（千三百俵）
　　牧野孝太郎（二千五百石）
御使番・立田主水正直（百俵）

諸藩

忍藩十万石松平家　佐倉藩十一万石堀田家　二本松藩十万七千石丹羽家
新発田藩十万石溝口家　高崎藩八万二千石松平家　宇都宮藩七万七千石戸田家
棚倉藩六万石松平家　関宿藩四万八千石久世家　壬生藩三万石鳥居家
福島藩三万石板倉家　平藩四万石安藤家

敵の動向を見極めるのに手間取ったのか、二カ月たってようやく九月二十四日に追討軍総括田沼意尊の幕府軍が水戸へ向け笠間を出発した。間延びした行動に見られるように、この部隊は当初から戦意が希薄であったと言われる。田沼は、幕兵及び二本松・壬生の両藩兵を那珂湊の敵を攻撃に向けた。また、幕兵及び棚倉藩兵が那珂湊（那珂湊市山ノ上町）の文武館（水戸藩郷校）に火を放ち襲撃した。これにより天狗党は多数の死傷者を出した。

笠間から水戸へ進んだ追討軍は弘道館に本営を置いた。中根口（勝田市中根）の追討軍は隊を分け、市川等は磯前から、幕府歩兵頭並北條新太郎隊及び作事奉行岡部長常等の諸隊は、部田野村（那珂湊市部田野）を経て平磯口（那珂湊市平磯町）に迫り、北風に乗じて平磯で火を放ち陥落させた。磯前口の天狗党守将の三橋半六隊は寡兵のため闘わず退却したが、藤田小四郎や飯田軍蔵等は遅れて到着した壬生藩兵を激しく攻撃し、壬生藩兵は苦戦し潰走となる。田丸稲之衛門等は神輿を奉じて那珂湊へ移り、那珂湊に屯集していた天狗党浅田富之允や村田理介等は、市川隊を横から襲撃して打ち破った。

二、天狗勢と門閥派の戦いに

水戸側の構図が複雑に

水戸藩は江戸定府のため、多くの藩と異なり江戸詰に幹部が大勢勤めていた。水戸にも幹部がおり、斉昭擁立を契機に両者の間で権力抗争が続いていた。下妻での戦い敗れた市川三左衛門等は江戸へ戻ろうとしたが、江戸の水戸藩邸は攘夷派が押さえていたため水戸へ向かい、結果水戸城を占拠する事態が起こった。しかも、尊攘派の家を破壊し家族らに弾圧を加えているとの情報から、筑波勢が水戸へ向かうという不穏な状態になった。

江戸定府の水戸藩主徳川慶篤は幕府の長州征伐留守居役のため江戸を動けず、連枝の宍戸藩主松平大炊頭頼徳を名代にして、水戸周辺における騒乱状態を鎮静化させるため水戸に向かわせた。この一隊に水戸藩執政榊原新左衛門等七百人余りが随行した。更に下総小金宿に屯集していた数千人が加わり「大発勢」と呼ばれる。これに、水戸藩内でも尊攘派に同情的で、後に「天狗党鎮派」と呼ばれる武田耕雲斎や山国兵部等が合流した。これに対し市川三左衛門等の水戸藩「門閥派」が入り乱れ事件の構造を複雑にすることとなる。

大発勢は水戸に着き入城すべく交渉をするが、市川等は頼徳一人のみの入城なら良いが、頼徳の一行に藩内の主流争いをしてきた家老等と、尊攘派の耕雲斎ら鎮派がいることから、頼徳一行を城内に入れれば自分たちが権力の座から追われると考え入城を拒んだ。頼徳は擾乱になることを憂い、平和的に入城するための交渉をしたが拒否が続き、先鋒の発砲が始まってしまった。頼徳は鎮静を図るため水戸城下から遠からぬ場所に位置するため、兵站が行いやすい那珂湊に移って策を立て直そうと城下を発し、市川一派が至る所で頼徳軍の移動を阻んだが、これを破って磯浜に進んだ。

頼徳は、二十日家老榊原新左衛門・大久保甚五左衛門・鳥居瀬兵衛等を率いて那珂湊から水戸城下の神勢館（徳川斉昭が創設した製砲所兼射的場）に至り、部下を遣わして市川等を諭し水戸城に入ろうとした。しかし、これを拒まれたため、遂に両軍は開戦となった。市川等門閥派は、常野の浮浪之徒を鎮圧するため笠間（笠間市）に布陣していた幕府追討軍に援助を求めた。すると常野追討軍総括田沼意尊は大番頭神保山城守相徳が率いる隊を水戸城下へ進ませた。

この結果、市川等門閥派は幕命のもとで戦うこととなり、正統性の名分を得たことになる。その反面水戸藩主名代の頼徳軍が賊軍に組み込まれてしまった。水戸藩内に重役間の権力争いや藩士間の確執があったとはいえ、藩主の名代に対して弓を引くことは理解しにくい。市川等は二本松・壬生・宇都宮藩など追討軍と共に頼徳軍と戦い、劣勢に陥った頼徳等は、鎮派の武田耕雲斎と軍議を行い那珂湊へ退却し再挙を図ることとした。

血で血を洗う確執の始まり

水戸藩執政（家老の別称）市川三左衛門は、戦況が有利となり水戸藩内の実権を握ると、家老戸田銀次郎等一派を罷免し、元執政の佐藤図書や朝比奈弥太郎を再び家老とし保守派が政権を奪還した。加えて、頼徳軍に加わった武田耕雲斎・山国兵部、筑波勢の田丸稲之衛門・斎藤佐次右衛門・田中愿蔵の家族を捕えて投獄した。捕えられたのは耕雲斎の妻・子供四人、耕雲斎長男の妻・子供三人、兵部の妻・子供及び長男の妻・子供三人、稲之衛門の母・妻・子供四人、佐次右衛門母、愿蔵の祖母・妻・子供二人であった。兵士の戦いだけでなく反対派勢力の乳呑児を含む家族に害を及ぼすという暴挙は、その後の血を血で洗う陰湿な事態へと展開する。

つまり、那珂湊の戦いに敗れた天狗党は京を目指したが、頼みとした一橋慶喜に受け入れを拒まれ、敦賀で加賀藩兵に投降した。幕府追討軍に引き渡され死刑となると、諸生派は水戸の牢屋敷に捕えていた耕雲斎の妻と幼児、長男の子供を斬首、しかも水戸へ送られてきた耕雲斎の首を無理に抱かせたうえで妻を斬ったと伝えられている。また、戊辰戦争で立場が逆転すると天狗党の残党が三左衛門を追補し逆さ磔にしたともいわれる。この事例を始め天狗党と諸生党との私闘ともいえる殺し合いが続くこととなる。

常州北部で激戦に

那珂湊より二十数キロ北の助川海防城（現在の常磐線日立駅の西約二キロにあった。徳川斉昭が天保七年に頻繁に出没する異国船に対する防衛上築いたので「海防」の名が付いた）でも攻防があった。総括田沼は、松岡藩（水戸藩付家老中山氏が藩主で石高は二万五千石。当時の信徴は十八歳）の所領手綱（高萩市）と、元水戸藩執政山野辺義藝の所領助川の防備を固めさせ、敵の磐城方面への退路を断たせた。ところが市川等が守備した助川城を天狗党の田中愿蔵が襲った。田中隊三百人余は石名坂（現在の日立港の西付近）で戦闘を開始し、その後に日立港に近い久慈浜に布陣、二本松藩兵を破り助川城へ攻め込み占拠してしまう。これに対し二十四日に幕府軍と二本松藩兵らが城を包囲し二日後田中隊は脱出逃走した。

水戸城への入城を拒否され賊軍側に見做されてしまった名代松平頼徳は、助川海防城主の山野辺義藝に戦況を報告し来援を依頼した。義藝はこれに応じて百人余りを率い水戸へ向かう途中、市川等に行く手を阻まれたので助川城へ戻った。しかし、市川等から報告を受けた幕府は討伐軍を送り、包囲された義藝は九月六日にやむなく投降、城に残った家臣たちが城を死守し抵抗したが九日に火を放って逃走し落城となる。

水戸藩主名代が一転賊軍に

水戸藩主の名代松平頼徳は水戸城への入城を拒否され、形として賊軍側に位置する次第になってしまった。市川等奸徒征伐の協力を山野辺氏等に求めるなど自派の正統性を確立することに腐心している。そして、九月二十六日、頼徳は元水戸藩家老鳥居瀬兵衛と大久保甚五左衛門等従士三十余人を従え、夏海村（子生郷・明治の町村制施行で成立）の幕府軍営に赴き、幕府軍監戸田五助と会見し共に江戸へ行くことを約す。

しかし、頼徳が江戸へ行くと、市川等が水戸藩主名代の頼徳の水戸城入りを拒否し、藩政を私物化していると告げられれば、市川等は自分たちの立場が悪化することを恐れ、田沼意尊を説得し頼徳を水戸へ引き返させた。頼徳は田沼に事情を説明しようとしたが田沼は耳を貸さず、頼徳や鳥居・大久保等宍戸藩士を下市町会所に投じた。頼徳は水戸藩支族松平頼遵（水戸藩祖徳川頼房五男を祖とする長倉松平家、三千石）邸に禁錮、家来らは全員水戸城中に拘留された。頼徳家臣小幡友次郎等七名は主の難儀を助けられないことを憤慨し自刃した。

十月一日、幕府は松平頼徳及び父の頼位（前の宍戸藩主）の官位を剥奪し、頼位を羽前国新庄藩へ、藩士四十余人を讃岐高松藩へ御預けの処分を下した。宍戸藩江戸藩邸を没収し、守山・

府中の二藩（いずれも水戸徳川家連枝）に監守させた。十月五日、頼徳に切腹を命じ、頼徳に従った藩士鳥居・大久保・山中・丹羽等十七名及び、宍戸藩士二十余名を斬首に処した。

水戸藩主徳川慶篤の名代であった松平頼徳が率いる軍であったが、鎮派とはいえ武田勢が加わったことにより天狗勢に取り込まれた結果となってしまった。複雑な藩内事情が絡んでいたとはいえ確かに対応が不適切であった。しかし、頼徳は水戸徳川家の連枝である。その頼徳と宍戸藩士の処刑は、天狗党の家族を罪人扱いにしたことと共に、第三者には理解し難い水戸藩内の殺し合いになった。

三、天狗勢が敗北

浪士軍優勢

十月五日、幕府及び諸藩は大挙して陸海から那珂湊を包囲し、佐倉藩は岩船山から、幕府目付小出順之助は小泉村（常澄村小泉）から、幕府軍艦黒龍丸は海上から水戸藩別邸夤賓閣脇の海防見張番や那珂川河口北側の砲台和田台場及び反射炉等を砲撃する。書院番頭織田信裕と市川隊及び福島藩兵は柳沢口（勝田市柳沢）より侵攻し峰山を陥落させた。また、幕府軍及び諸藩と市川等門閥派は大挙して部田野（ひたちなか市）攻略を開始し、部田野を取り巻く前浜口・館山口・馬渡口・雲雀塚口などから進撃した。

一方、浪士軍は田丸稲之衛門が総帥となり、潮来や那珂湊方面からも援軍が参集して増兵となった。地の利に勝る浪士軍は大いに反撃し大勝する。この一戦は最も激しいもので多くの戦死者を出した。大敗した幕府軍だが再び十月十七日に那珂湊へ総攻撃をかけた。筑波勢と潮来勢は、雲雀塚西方及び平磯口から共に一本松の幕府軍を激しく攻撃し、幕府軍は大砲など武器を遺棄して敗走した。翌日も幕府軍は精鋭を繰り込んで、中根口から部田野へ進撃したが、又もや浪士軍が勝利した。

高崎軍奮戦し勝利に貢献

劣勢であった追討軍であったが、漸く反撃が成り那珂湊の戦いを制した。当日の様子を『高崎藩近世史略』の記述から要約する。

「十月二十三日暁天、高崎藩兵は官軍と共に小船十三隻に乗り那珂川を渡り、直ちに賊の巣穴を進撃した。進撃を図るものの川が深淵にして流水も疾速、舟の数も少ないため一隊を渡した舟を戻して次の隊を渡す状態で、暫らく様子を窺いながら渡川を図った。たまたま賊中に内応をする者があり、火を放ったので進撃を促す。ここに至って両岸の砲戦が頗る猛烈なる。徒士頭寺田宗武の一隊が、官軍歩兵一小隊と共に小舟を操り、弾丸が飛び交う中を漸く前岸に達する。機を失わないため後続の着岸を待つ暇もなく勇を奮って進撃をした。賊徒は狼狽して館山に退き、又、降参する者も数百人に及んだ。猶も進撃し遂に官軍と共に反射炉を奪い銃砲器械を撤収。我が軍は皆赤布の片襷を付けて合符とし、占領した反射炉上に官軍の旗章を立て、屋舎に火を放った後その旗を撤した。一連の戦いぶりを賞賛される。

武者奉行津田次幹等も合流したので幕府目附高木宮内に上申し、一隊を分けて降人を那珂湊の文武館に監守し、更に館山の賊と砲戦し賊は終に遁走した。戦闘が収まると各隊は集合して降人四百三十四人を銚子に護送する命を受ける。その後、川越、久留里、佐貫、館山藩も命を受け到着したので、三百四人を四藩に分けたが、百三十人を監守して幕府に送致することとなる」

浪士軍が分裂

当初は勝利していた浪士軍であるが、戦闘が続くうちに連合体制に亀裂が生じた。大発勢の榊原新左衛門が、幕府目付戸田五助に水戸藩執政市川三左衛門等の奸謀について書面で訴え、幕府軍に抗戦する意思がないことを述べると共に、筑波勢や潮来勢と一括りにされ反幕府勢力にされることを恐れていた。幕府追討軍に加わっていた水戸藩士戸田銀次郎が密かに榊原の配下と接触してきたことを好機と判断し、幕府歩兵頭並都築鐐太郎等と会い幕府の官典に処するという一札を得て投降することにした。攘夷激派の筑波勢・潮来勢と袂を分かつことにより、賊名を雪ごうと決した。榊原等大発勢千人余りは約束通り幕府軍に投降したが、幕府は密約とは異なり賊徒扱いにし、諸藩に捕虜として収容させた。しかも預かった藩によってはその扱いは厳しいものであった。

十月二十三日、幕府軍は諸藩兵を総動員して那珂湊反射炉を目標に総攻撃を行い、磯浜口の幕府歩兵及び佐倉・高崎の両藩の兵が前進し湊へ入る。筑波勢・潮来勢・館山勢の諸営を焼き払う。千人余も投降者が出ては勝てる見込みがなくなり、那珂湊の戦いは終局となる。武田・山国・田丸・藤田等筑波勢凡そ八百人は那珂湊を脱出し、潮来勢も合流し千人余りが道中追討軍や農兵と衝突しながら二十五日に久慈郡大子村（大子町）へ着いた。ここで、武田耕雲斎等は京都へ上って禁裏守衛総督一橋慶喜を頼りに、朝廷へ尊攘の大義を伝えるため西上することに決めた。これまで「元水戸殿家臣」「狼藉者」「水戸浪士」などと呼ばれてきたが、この時から「賊徒」や「水戸浮浪之徒」と呼ばれ、追討を受ける狭義の「天狗党」に変わった。

天狗党の常州脱出を許す

高崎藩士石原応恒は以下のような感想を記している。

「当時幕軍が追撃の手を緩めず、（前述追討軍の）十二藩の中から有力な藩兵を選び、これに幕府の歩砲兵隊を

武田耕雲斎の墓（水戸市、妙雲寺）

加え、一層果敢に追撃したならば、利根川渡河前に戦局を結んだであろう。然るに幕府の当局者が怠慢にして躊躇し尻込みしてしまい、その好機を失って長蛇を野に逸し、敵軍の勢力を増大せしめてしまった。この結果、途中の小藩を苦しめることとなったのは返す返すも遺憾であった」。将に前線で奮戦した者なら皆思う心情であろう。追討が結成され、激戦の末に浪士軍の分断に成功し、天狗勢を北常州に追い込んだのであるから、千人もの集団を常州の外へ散らすことはなかったであろう。

しかし、この時から武田耕雲斎が大将となった天狗党はそれまでの浮浪之徒とは異なっていた。耕雲斎は徳川斉昭を藩主に擁立した一人で、その功もあってか執政に起用されたが、斉昭が死去すると門閥派から排除された。尊王攘夷論者ではあるが穏健派であった。那珂湊の戦いで敗れると、藤田小四郎の要請に抗しきれずに天狗党首領となる。耕雲斎に率いられた天狗党は、徳川慶喜の仲介をうけ朝廷に自分たちの目的を達成することに集中した。従って、これまで各地で行った乱暴狼藉は影を潜め、西上の沿道の住民に対し宿泊等の対価は支払い、下仁田と和田峠で戦闘を行ったものの最小限の痛手で切り抜けた。

これは、耕雲斎が、罪のない人民を傷つけ殺害する事、民家へ立入り財産を掠める事、婦女子をみだりに近づける事、田畑作物を荒す事、隊長の命令を待たずに勝手に不法の挙動をとる事を禁じた厳しい軍律を敷き、犯した者は斬首に処すことを全軍に発したことによる。

第五章　天狗党事件当時の幕府

水戸浪士が関東各地で金銭を強奪する事件を引き起こしているにも拘わらず、効果がある取締策が発揮されなかった。水戸浪士の後ろには御三家水戸様の影がチラつき躊躇せざるをえない面もあったろうし、関東地方は幕府領の間を諸藩や旗本の領地が入り組んでおり、警察権が及びにくい状況ではあったが、時の政府を主導する老中は注意を促すだけで領主任せであった。そうこうしているうちに浮浪之徒は武力行使に及んだが、幕府追討軍の戦意は低く、統制する幕閣も覚束なかった。

一、幕府意思決定機関の混乱

幕政の中心をなす老中制

江戸幕府には、大老、老中、若年寄、京都所司代、大坂城代、寺社奉行、奏者番といった役職が置かれていた。常設でない大老を除くと老中が幕府権力のトップにあった。老中の配下には各奉行や大名・諸役人の監察を行う大目付などがあり、若年寄の配下には将軍護衛の番頭や旗本・御家人の監察を行う目付などが配されている。老中を務める大名家は将軍に近い譜代大名家から起用され、家格も〝老中格の城〟の城主であった。就任時の年齢は三十代後半が最も多く、幕政の中心となるに相応しい属性の人物が起用された。

　時代によっては自ら政策を主導した将軍が存在したこともあったが、普段の業務は老中や若年寄によって執行された。幕府としての重要事項は、老中の合議制により決まったことを将軍に上申する仕組みで、老中制が江戸幕府における意思決定機構である。たとえ一藩内の御家騒動にしても幕府が介入して解決にあたっている。ただ水戸藩の藩主継承争いや権力闘争は、幕府に持ち込まれないので幕閣が関わる案件になっていなかった。しかし、水戸浮浪之徒は元藩士とはいえ彼らが関わる農民や町民に対する被害は、幕府としても処置すべき事案である。

外圧を機に老中体制揺らぐ

　江戸時代後期、十一代将軍家斉は約五十年もの長い期間将軍職にあり、従って老中も二十三人任命されている。土井・酒井・阿部・大久保・大河内松平・大給松平など、先祖が老中を務めた家からの起用が多く、保守性の強い編成のうえ殆どの者が四、五十歳代の就任であった。十二代将軍に家慶が就任すると阿部正弘が起用された。阿部家からは正右・正倫・正精と老中が輩出している。正弘は寺社奉行時代の手腕から家慶の信頼が厚く、弱冠二十五歳という若手での抜擢であった。しかし、他の老中は正弘より年長でなかなか実力は発揮できなかった。

　しかし、正弘が就任してから十年後の嘉永六年（一八五三）、アメリカ使節ペリーの開国要求という難しい外交問題に直面した。そこで老中首座阿部正弘は、開国の是非について朝廷をはじめ外様大名を含めた諸大名や旗本、そして市井からも意見を募った。因みに、阿部からの諮問に対し、水戸藩主徳川斉昭をはじめ有力大名の多くが鎖国を守り戦争も仕方がないと主張する中、寺社奉行（当時は見習）であった高崎藩主松平輝聴は次のように上申している。江戸の防衛を今まで以上に厳重にする。軍艦の製造に直ちに着手すべき。臨機応変の計らいでなるべく戦争を避ける。諸外国が通商を願い出ても認めず米国に限って許可する。薩摩藩主島津斉彬らと同じ延引策であった。

これまでの慣行を破った正弘の政治方法は諸刃の剣であった。開かれた幕政となり斬新的な施策が立案され、優れた人材発掘にもなったが、一方で譜代大名に独占されてきた老中制度による幕府意思決定機構を弱体化させることとなった。

欧米列強の脅威が続き、将軍に委ねられた「征夷」の職掌に対して、諸政治勢力から厳しく問い直され、絶えず攘夷の決行を迫られ、糾弾され続けた。この状況に対する立ち位置から、幕閣内での対立により老中が頻繁に入れ替わったこと。また、有力大名の協力を得て挙国一致体制を築こうとする姿勢が外様大藩の発言力を高めることになった。

有力な人材も権力抗争に沈む

ペリーの開国要求を迎え撃った阿部政権であったが、安政四年（一八五七）に中心人物の老中阿部正弘が死去すると、老中だけでは難局を乗り切れないとして、彦根藩主井伊直弼を大老に担ぎ出した。将軍家定の継嗣問題が加わり、阿部の次に老中首座にあった堀田正睦が通商条約の勅許に失敗すると、大老井伊は堀田と松平忠固を罷免した。そして南紀派と言われる松平乗全や太田資始らを復帰させ老中経験者で難局を乗り切ろうとした。

直弼の幕政登場は譜代門閥による江戸時代初期の伝統的な政治体制への回帰となった。しかし、直弼が江戸城桜田門外において殺害されると幕府の屋台骨は大きくぐらついた。直弼の流れをくむ安藤信正・久世広周政権は、朝廷の力に頼って幕府の立て直しを図る公武合体策を執る。しかし、これもつかの間、文久元年（一八六一）十月に江戸城坂下門外で老中安藤が水戸浪士に襲撃されたことを理由に安藤は罷免され、久世も隠居させられた。この様に幕府の対外政策、対朝廷の違いから老中間の権力抗争が繰り返され老中体制が大きく揺らいだ。

混乱を招いた新たな役職設置

これらの出来事以上に、老中制を形骸化させる事件が起こった。文久二年に薩摩藩の実質上の権力者である島津久光（藩主の父）が兵を率いて上京した。この行動は江戸幕府下の慣行を破る実力行使であるが、久光は幕政改革を求め意見書を提出した。時の老中内藤信親・脇坂安宅・松平信義・水野忠精・板倉勝静は、久光が求めた改革の一つである人事に対して、難色を示しつつも慣例を違えることを避けて新しい職を設けることで妥協をした。

それにより、将軍後見職と政事総裁職を置くこととなり、前者には徳川慶喜、後者には越前福井藩主松平慶永（春嶽）が就任した。慶喜は英明さと才覚が早くから期待され、慶永も藩政改革の実績や幕政に関する見識を高く評価されての就任であった。しかし、幕府意志決定の中枢に将軍後見職と政事総裁職が老中制と並立することとなり、両職と老中の判断が異なり、そのうえ慶喜と慶永も考え方や政治姿勢の違いから対立し、幕府意思決定に混乱を招くこととなって行き、政治運営の中心であるべき老中制が弱体化した。天狗党の取締にしても、天狗党制圧に対する水戸藩や諸藩に対する統制命令に力強さを欠くこととなる。

文久三年十月に川越藩主松平（結城）直克が政治総裁職に就いた。前職の福井藩主松平慶永が正四位上左近衛権中将に対し直克は従四位下侍従であり、慶永が経験豊かな三十六歳であったが直克は弱冠二十三歳で中央政界に登場したばかりであった。このような地位の直克が何故に政事総裁職に起用されたのであろうか。しかも、せっかく起用されながら僅か八カ月の在任であった。

元治元年（一八六四）六月三日に、直克は横浜鎖港問題で意見が対立した老中板倉勝静と酒井忠績及び若年寄の諏訪忠誠と松平乗謨を排除することを将軍家茂に迫り、登城停止に追い込んだ。しかし、翌日には水戸藩主徳川慶篤が直克を激しく非難し、直克もまた登城停止に追い込まれる。十日間にわたって江戸城に主要閣僚が誰も登城しない異常事態になった。十八日には直克の要求通り板倉ら四人が罷免されることとなったが、わずか二日後に家茂の御前で行われた評議において直克が筑波勢に対する武力討伐に反対したことで、老中牧野忠恭・井上正直から厳しく批判され、奉行や目付らも直克に猛反発したため、二十二日に直克は政治総裁職を罷免された。翌日には水戸藩の外国奉行沢幸良らも罷免され、直克の失脚によって漸く筑波勢鎮圧の方針が定まったが、幕府意思決定機関の老中制は揺らいだままであった。

二、老中の実態

目まぐるしい交代

水戸浪士らの乱暴狼藉が目立ちだした文久二年（一八六二）から、高崎藩が天狗党と下仁田戦争となった元治元年（一八六四）にかけて、老中が表のように就退任を繰り返した。

江戸時代中期までの老中は、①譜代の、②徳川有力家臣から成り上がった限られた家格の大名家で、③輩出する藩も江戸に近い関東地方や東海地方が中心であった。そして、④特段の失敗がない限りかなり高齢まで職に留まり終身的な状況であった。

ところが、この時期には、①外様の有馬家や願譜

文久２年から元治元年の老中就退任

	就任			退任		
年	月	大名名	藩名	月	大名名	藩名
文久2	1	井上正直	浜松			
	3	水野忠精	山形	3	本多忠民	岡崎
	3	板倉勝静	松山			
	5	脇坂安宅	竜野	9	脇坂安宅	竜野
	11	小笠原長行	唐津			
文久3	4	太田資始	掛川	5	太田資始	掛川
	6	酒井忠績	姫路	6	小笠原長行	唐津
	7	有馬道純	丸岡			
	9	牧野忠恭	長岡	9	松平信義	亀山
元治元	4	稲葉正邦	淀	4	有馬道純	丸岡
	6	阿部正外	白河	6	酒井忠績	姫路
	6	諏訪忠誠	高島	6	板倉勝静	松山
	8	本庄宗秀	宮津	7	井上正直	浜松
	10	本多忠民	岡崎			

＊松山は備中松山　亀山は丹波亀山

代（外様であったが譜代扱いになった）の脇坂家も就任し、②初めての大名も現れ（板倉分家・有馬家・諏訪家・本庄家）、③地域も信越（長岡藩・高島藩）・北陸（丸岡藩）・中国（備中松山藩）・九州地方（唐津）から就任した。しかも関東地方が一人もいない。そしてこの時期になると、④在任期間が数年と短期になり、一年に満たないものまで現れた。

強力な人材に欠ける

老中に就く人材に変化が生じた状況の背景として、老中に就任することを敬遠する傾向が強まったことがある。江戸時代前半には老中に就任したいため就任運動をする大名がいたほどであったが、老中を出すことは藩財政の窮乏に繋がり、また、藩主が老中職で失敗すると左遷や減封などの恐れがあるので、家臣にとっては辛いことであった。引き受けるにしても、分家からの養子で藩主を継いだ者なら任じやすいという風潮も見られ、この期間の老中就任者十五人中八人（松平・板倉・酒井・有馬・牧野・稲葉・本多・阿部）が養子であった。

新しい大名家からの起用は、人材登用となる可能性があり、回転の速い就退任は長期在任の欠陥を解消し、幕政に柔軟に対応することが考えられる。しかし、江戸時代前半は徳川体制を堅持する立場の大名が就任したので城主を支える家臣団に心配事はなかったが、文久期の老中の家臣団の藩主を支える力強さは決して盤石なものではなかったと思われる。結果、ほとんどが二年未満という在任期間の短さでは、老中が執る幕府の方針があやふやな状況となった。

三、主要老中の動静

軟弱な水野・板倉体制

水戸浪士による騒擾が起きた文久から元治にかけての老中は、攘夷に関わる意見対立を主に幕閣内で派閥抗争を起こし、頻繁に就任・罷免を繰り広げた。その中で、かろうじて水野忠精と板倉勝静は主流派的な存在であった。しかし、何れも閨閥などを背景にした保身的な人物のため、横浜鎖港問題や長州征討への対応で手一杯な状態であった。水戸浪士によって生じている狼藉事件は、関東の常野州という狭い地域でのことであり、加えて、事件の首謀者らが御三家の水戸藩関係者であれば、早く片付くのではという安易な姿勢であったのではないだろうか。

変化の激しい時代に対応する施策を出せず、幕府創設期に回帰せんとする保身的な姿勢で、確固たる態度で事に対処できない面もみせている。例えば、文久三年十二月の将軍家茂が上洛した時、江戸留守居であった板倉は滞京の水野に次のように訴えている。「水戸浪士がかなりの人数で屯集し不穏な動きをし、水戸藩だけでは鎮静が難しいという風聞に接している。将軍留守中に、水戸浪士が外国人に問題を起こすようなことは容易ならざる事柄につき、江戸に於いても懸命に努めている。しかし、水戸藩で鎮静させることができず、浪士らが横浜へ押し寄せ外国と問題を起こすようであれば、生麦事件の賠償問題のような事態となったら将軍上洛の意味が水泡に帰してしまう。京にいる一橋慶喜と評議し、鎮静させるための手段を与えてほしい。板倉・牧野・井上正直の三人は日夜寝食も忘れるほどであり、不安、心痛、苦念の状態である」と。水戸浪士による民衆に対する狼藉は、朝廷を巻き込んだ反幕攘夷の長州藩とはレベルが違い、幕閣が的確な采配を振るえば善処できたのではないか。しかし、幕府の屋台骨を背負うものとしては覚束ない老中たちであった。主な老中について踏み込んでみる。

情報収集と閨閥が力

水野忠精は、父水野忠邦（浜松藩主）が「天保の改革」の責任を取らされ、弘化二年（一八四五）九月に二万石減封のうえ強制蟄居処分となり家督を相続した。十一月に羽前国山形藩へ懲罰的に転封。しかし、嘉永三年（一八五〇）に二十五歳で奏者番、安政五年（一八五八）寺社奉

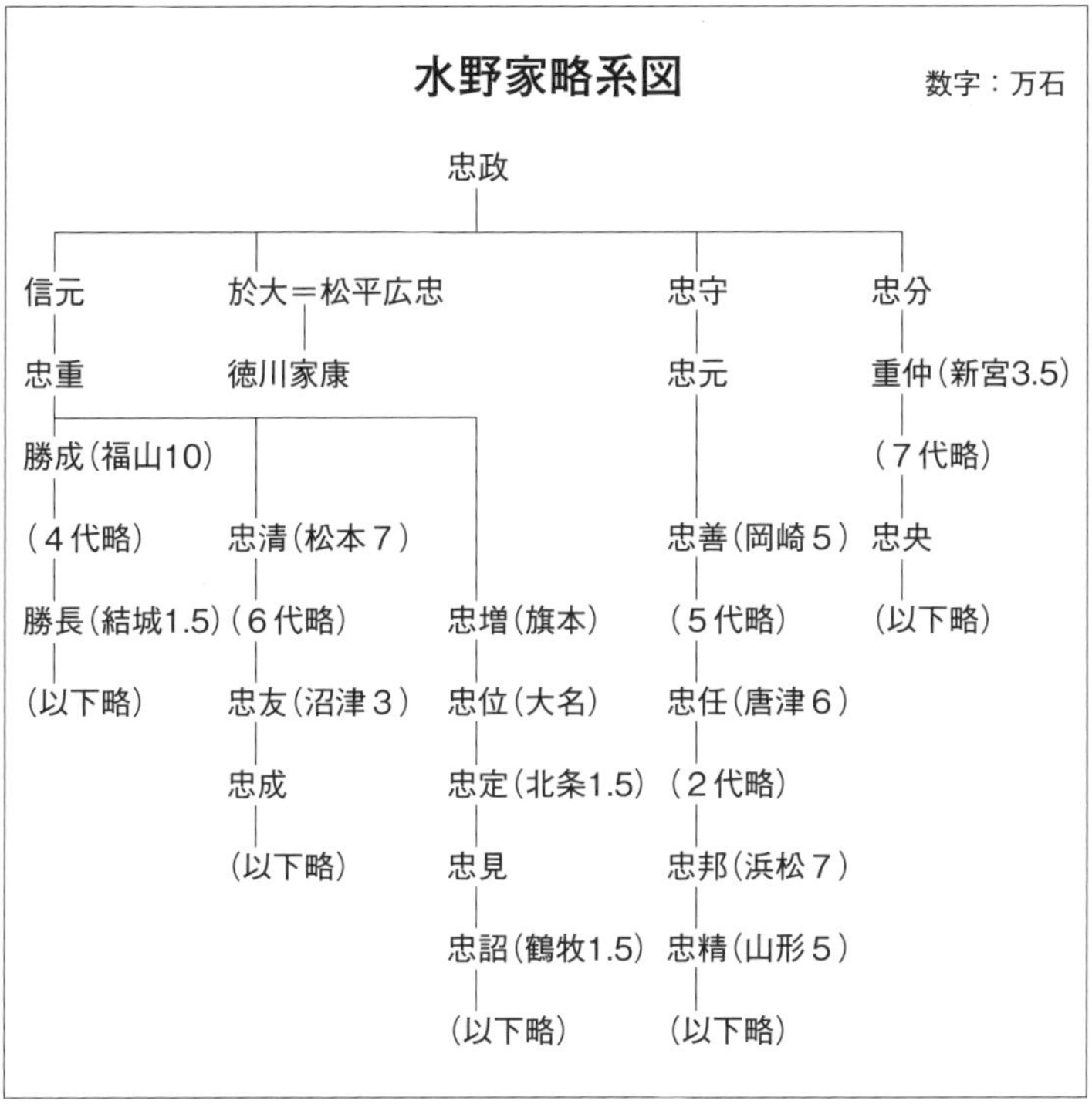

水野家略系図

行、万延元年（一八六〇）若年寄、文久二年（一八六二）三月には老中に就任している。父親の失脚からすれば早い順調な復活である。

殆ど短命な老中にあって、四年四カ月と比較的長く在任した理由は、将軍家茂誕生の南紀派や大奥にも固い人脈があった。そして、天保の改革を仕切った父忠邦と異なり表面的には目立つことなく調停者的な役割を担いながら、他に責任を巧妙に転嫁したからといわれる。その裏付けは卓越した情報収集力であった。その力が幕府統率に活かされれば良かったのだが。

情収集能力と共に長く在任した理由は閨閥である。同族の紀州藩附家老新宮藩主水野忠央との強い閨閥が挙げられる。忠央は将軍継嗣問題で大老井伊直弼を中心に紀州藩主徳川慶福の擁立を図る南紀派で、大奥や将軍側近に強力な勢力を有していた。妹のお琴を旗本杉重明の養女として十二代将軍家慶晩年の側室に送り込み、お琴（妙音院）は四子を儲けるほどの寵愛を受け、大奥に食い込んだ。続いて十三代家定に対しても姉の睦を側室に送り込み大奥を南紀派へ引き入れ、安政五年直弼が大老に就任すると慶福（家茂）の十四代将軍を実現した。

忠精は忠央の大奥における力を利用するため閨閥の強化を図った。妹八重を忠央の息子忠幹の正室として、その正室が没すると養女を継室に、その継室が没すると別の養女を継々室に嫁がせ、忠央との関係を続けることに執着を見せている。井伊大老が暗殺されると多くの南紀派が退けられ忠央も強制隠居処分となった。しかし、息子の忠幹はお咎めもなく新宮水野家の家督を継いでいる、忠幹は謀略家の忠央とは異なり実直にして人望があり剛毅な人物であったといわれる。忠幹の評判は岳父忠精に対しプラスの光背効果があったであろう。
もう一人は、これも南紀派の平岡道弘である。道弘の妻は忠央の妹、忠精とは親戚筋に当る。道弘は将軍家慶の御側御用取次として安政五年に養君（家茂）御用となり、後に一万石の安房船形藩主になっている。直弼が暗殺されたあとも文久二年には若年寄となり、将軍上洛時には留守居・奥御用兼帯として中奥・大奥に影響力を与え続けている。忠精が老中に留まっていられた訳には実力より閨閥を背景としたもので、強力なリーダーシップには遠かったと思われる。

幕政権威に固執

板倉勝静は、陸奥白河藩主松平定永の八男として生まれ、備中松山藩板倉勝職の婿養子となった。板倉家は初代勝重以来の譜代として活躍し、分家からは重矩（三河中島藩）・重種（備中庭瀬藩）・勝清（上野安中藩）が老中に就任しているが、本家である勝静の家からは老中に就任なし。水野忠精と同時に三十九歳で老中に就任。元治元年（一八六四）六月に松平直克が政治総裁に就任すると、古い習慣に縛られているという理由から罷免されたが、同二年一月に直克が罷免されると老中に返り咲いた。約半年老中職を離れていたが、通算五年三カ月老中職を務めている。

この人物も難局の舵取りを可能とする能力より、特別な要因から老中に就任したといえる。老中に登用される理由の一つは、松山藩の財政改革の成功により藩財政が裕福となり、名君の評があった。江戸から遠く離れた地の藩主にして、大坂城代や京都所司代を経ずに登用されたのは、火の車の藩の財政を、儒者・陽明学者山田方谷を元締役兼吟味役として登用し藩政改革を実施し藩財政が裕福であったことによる。

板倉家略系図

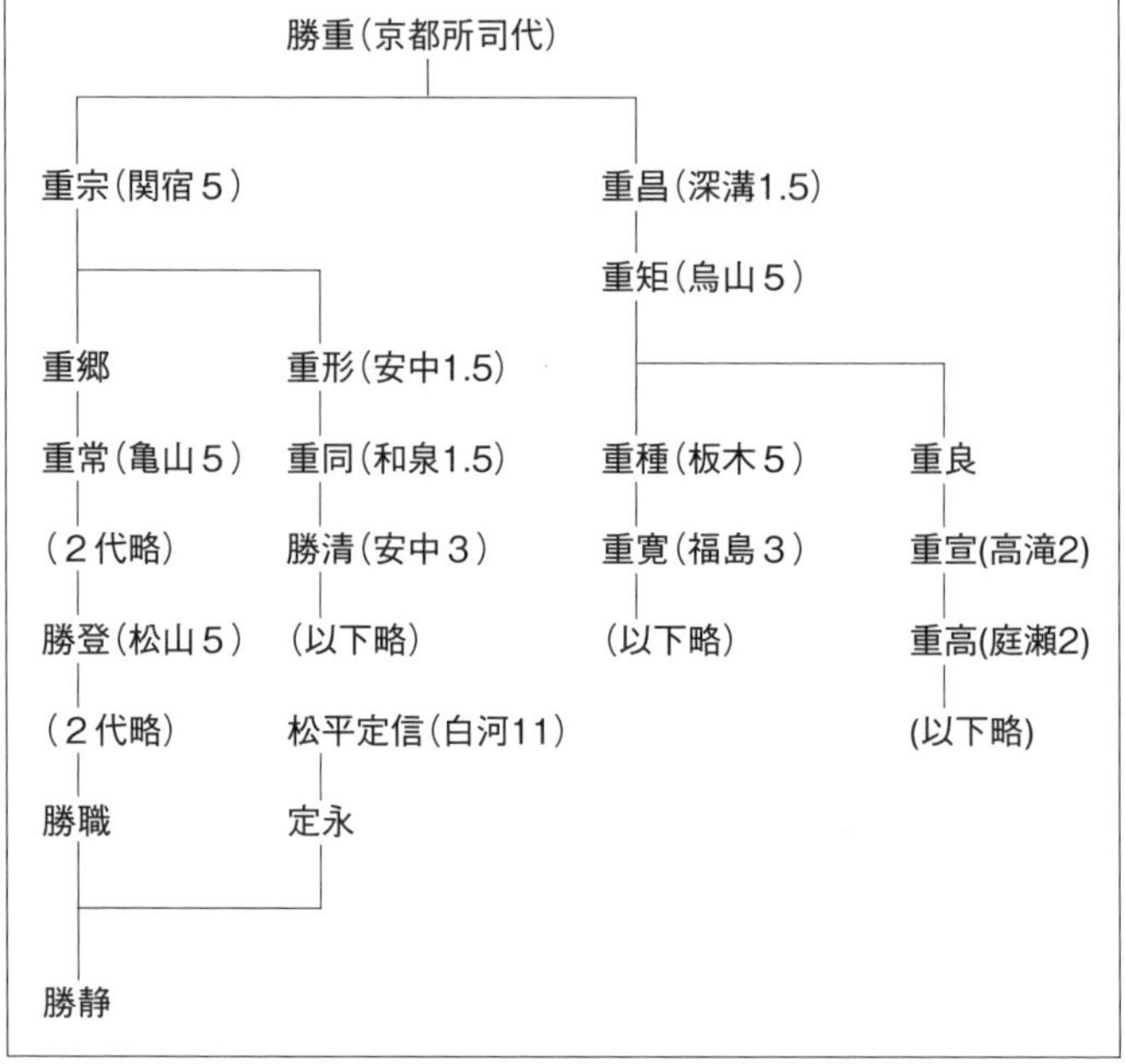

もう一つは、寛政期の老中首座松平定信の孫にあたることが大きな決め手となった。幕府閣僚に起用される大きなポイントとして、先祖が徳川幕府体制に貢献したことが挙げられる。定信は将軍吉宗の子にして御三卿の一つ田安宗武の第七子で、一時は将軍職を窺うほどの人物であったが、陸奥白河藩主松平（久松）久邦の養子に出される。天明の大飢饉で多くの藩が財政困窮のなか、白河藩の財政再建と飢饉対策の手腕を認められ、十一代将軍家斉初期の老中に就任し、首座として寛政の改革を主導した。

松平定信の子女と嫁ぎ先

定信（白河藩主）
- 定永――定知（伊勢桑名藩主）
- 真田幸貫（信濃松代藩主養子）
- 女＝松平定則（伊予松山藩主）
- 女＝諏訪忠恕（信濃高島藩主）
- 女＝加藤泰済（伊予大洲藩主）
- 女＝松浦　熙（肥前平戸藩主）
- 女＝松平輝健（高崎藩主子息）
- 女＝松平信志（丹波亀山藩主）

因みに、老中起用に定信ブランドが影響したと思われる事例は勝静以外にもいた。定信の次男に生まれ信州松代藩の養子になった真田幸貫と、定信の娘が正室として嫁いだ信州高島藩主諏訪忠恕の後継者諏訪忠誠がいる。二人とも外様大名であるが、老中に起用された背景には「父定信」あるいは「外祖父定信」の〝七光り〟によるものと思われる。

祖父定信を敬慕し幕政に尽力することを志とし、小藩ながら松山藩への養子は自分の政治力を発揮できると考えていたといわれる。祖父譲りの道徳を骨格にした伝統的権威の回復に固執する傾向にあり、会津藩主京都守護職松平容保に対し破約攘夷論や勅使待遇改善について強硬に反対した。水戸浪士の制圧を自らの力量では対処できずに一橋慶喜の権威にすがり、神君家康以来の体制に反する方法については観念的にも思える主張をし、根本的には柔軟性や合意形成に頑なさが見られる。後日のことだが、勝静は地元を離れていたため奥羽越列藩同盟の参謀に祭り上げられ五稜郭まで旧幕府軍として行動、これで新政府軍は松山藩処分について態度を硬化させた。山田方谷の奔走の甲斐もあり藩は存続したが、藩よりも自己の考えが優先した。現実に対する情勢分析が後回しになり、幕府存続という観念が支配した行動は、天狗事件の際にとった勝静のままであった。

国内騒動にまで手が回らず

三代将軍家光の老中に阿部対馬守重次と豊後守忠秋がいた。以後阿部家は豊後守系から正能・正武・正喬・正允と老中が続いた。後期になると本家の対馬守系から老中が輩出、幕末期の阿部正弘も伊勢守を名乗ったが対馬守系である。豊後守系では、正允以降は六代正敏が大坂城代、八代正由が京都所司代を務めたが、タイミングが悪く老中には就けなかった。また、他の藩主は病弱や若死に

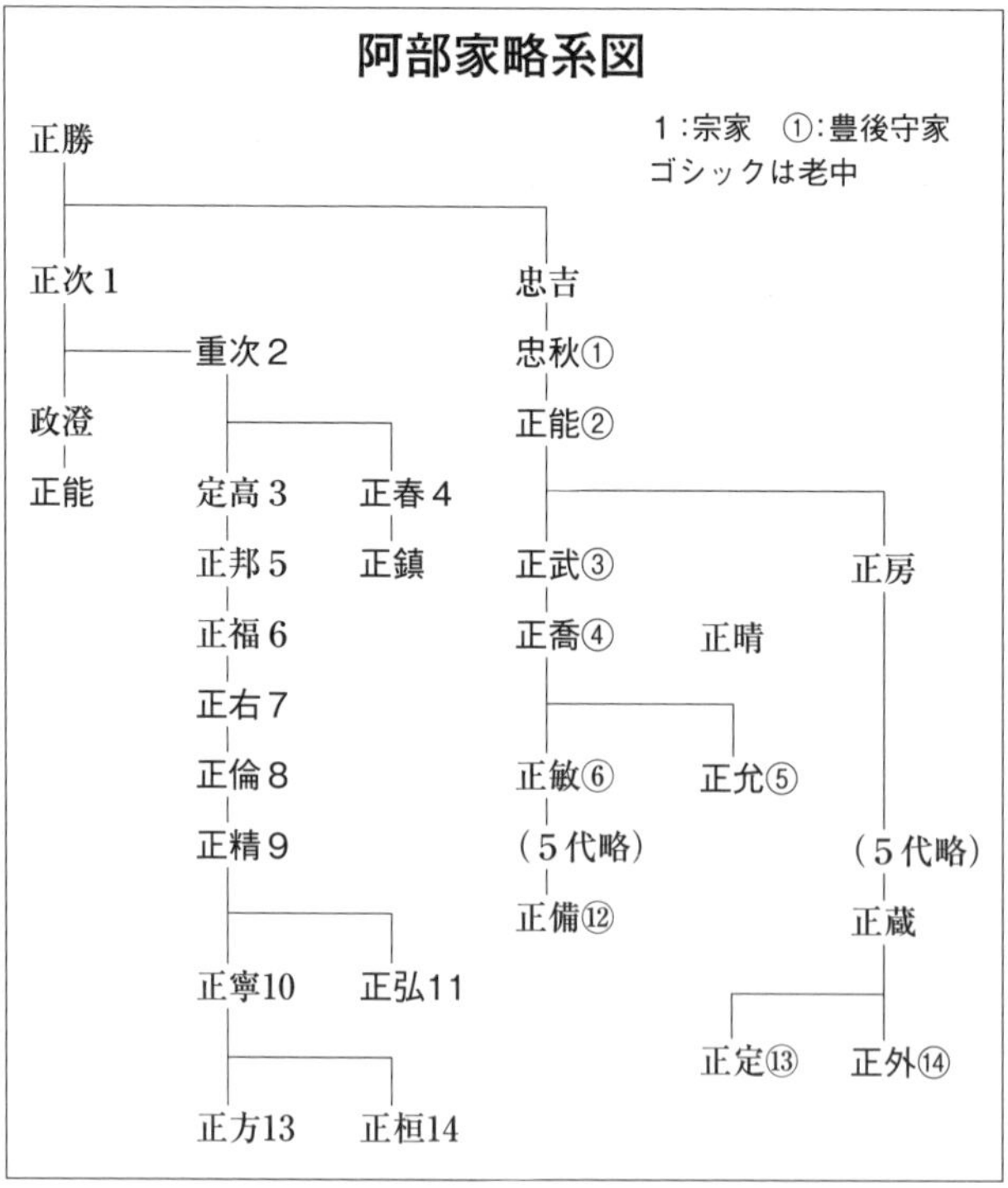

のため幕閣に就くまでには至らず、元治元年六月に正外が老中に任じられた。

嘉永元年（一八四八）三千石の旗本の家督を継いだ阿部正外は、幕府の奉行職を務めていたが、兄正定が藩主就任四カ月で死去したため、急遽末期養子となり白河藩十一万石を相続した。旗本時代に神奈川奉行、外国奉行、江戸北町奉行を務め能吏ぶりを発揮していたこともあり、元治元年六月藩主に就任すると、箔を付けるため形式的に寺社奉行兼奏者番を経て三十六歳で老中に抜擢された。横浜鎖港問題で外国交渉を担当し、後日、兵庫開港については英仏蘭との交渉に当たるなど交渉人としての能力に秀でていた。また、白河藩の軍制改革についても取り組み、藩兵に対する洋式訓練の施行を命じるなど軍備にも手配できる人物であった。

正外はもう少し早い時期に老中職に在れば、天狗党事件に対する幕府の対応も変わっていたであろう。しかし、正外は天狗党征討総督に田沼意尊が任命された時点での老中就任で、正外の名前は、下仁田における戦闘結果の報告先に、月番老中としてやっと登場する。翌年（慶応元年）には老中本庄宗秀と卒兵上洛し、将軍家茂入京に供奉したことから推測するに、天狗党事件に関わる時間はなかったかもしれない。また、将軍再上洛や兵庫開港問題での強引さなどからすると、天狗党事件を円満に解決したか疑問であるが、強力に統率したのではないかとも思われる。

第六章　何故招集され、何故招集されなかったか

結果として天狗事件の分岐点となった那珂湊の戦いに多くの藩が招集された。しかし、追討軍へは何が基準で招集されたのか疑問が残る。家臣数が少ない五万石以下の藩では壬生・福島藩が招集された。平藩は事件の直前に六万七千石から減封。招集された藩のうち二本松・新発田・福島藩以外は、いずれも藩主が若年で在任間が短いことが共通している。江戸城へ登城し殿中に入れるのは藩主のみであるから、幕閣は若年にして経験不足の大名に対し扱い易かったのではないか。また、幕府に対し問題を抱えている藩も同様であろう。招集されなかった藩に対し老中は腰が引けた感がある。幕閣を務めた関東の主要藩（川越・土浦・古河・笠間藩）が何故だか招集されていない。

天狗党追討軍参陣藩と藩主の年齢

藩名	石高（万石）	藩主	那珂湊の戦い時	
		氏名	年齢	在任
関宿	4.8	久世広文	12	5
佐倉	11.0	堀田正倫	12	5
平	4.0	安藤信勇	14	0
棚倉	6.0	松平康恭	15	2
高崎	8.2	松平輝照	15	3
宇都宮	7.7	戸田忠明	17	9
壬生	3.0	鳥居忠宝	19	7
忍	10.0	松平忠誠	24	1
二本松	10.0	丹羽長国	30	6
新発田	10.0	溝口通溥	45	26
福島	3.0	板倉勝顕	50	30

主な非参陣藩と藩主の年齢

古河	8.0	土井利則	43	8
土浦	9.5	土屋寅直	44	26
笠間	8.0	牧野貞直	33	13
川越	17.0	松平直克	24	2

常野追討軍出兵時の近隣諸藩

石高：万石

常陸国		下総国		下野国		磐城国	
藩名	石高	藩名	石高	藩名	石高	藩名	石高
土浦	9.5	*佐倉	11.0	*宇都宮	6.7	*平	4.0
笠間	8.0	古河	8.0	烏山	3.0	*棚倉	6.0
府中	2.0	*関宿	4.8	*壬生	3.0	中村	3.0
谷田部	1.6	結城	1.8	黒羽	1.8	三春	3.0
下館	1.0	多古	1.2	佐野	1.6	守山	2.0
下妻	1.0	小見川	1.0	足利	1.1	湯長谷	1.4
宍戸	1.0	上野国		武蔵国		泉	2.0
麻生	1.0	館林	7.0	川越	17.0	白河	6.0
牛久	1.0			*忍	10.0		
志筑	1.0			岩槻	2.3		

*印は常野追討軍出兵藩
府中・宍戸・守山は水戸藩の連枝

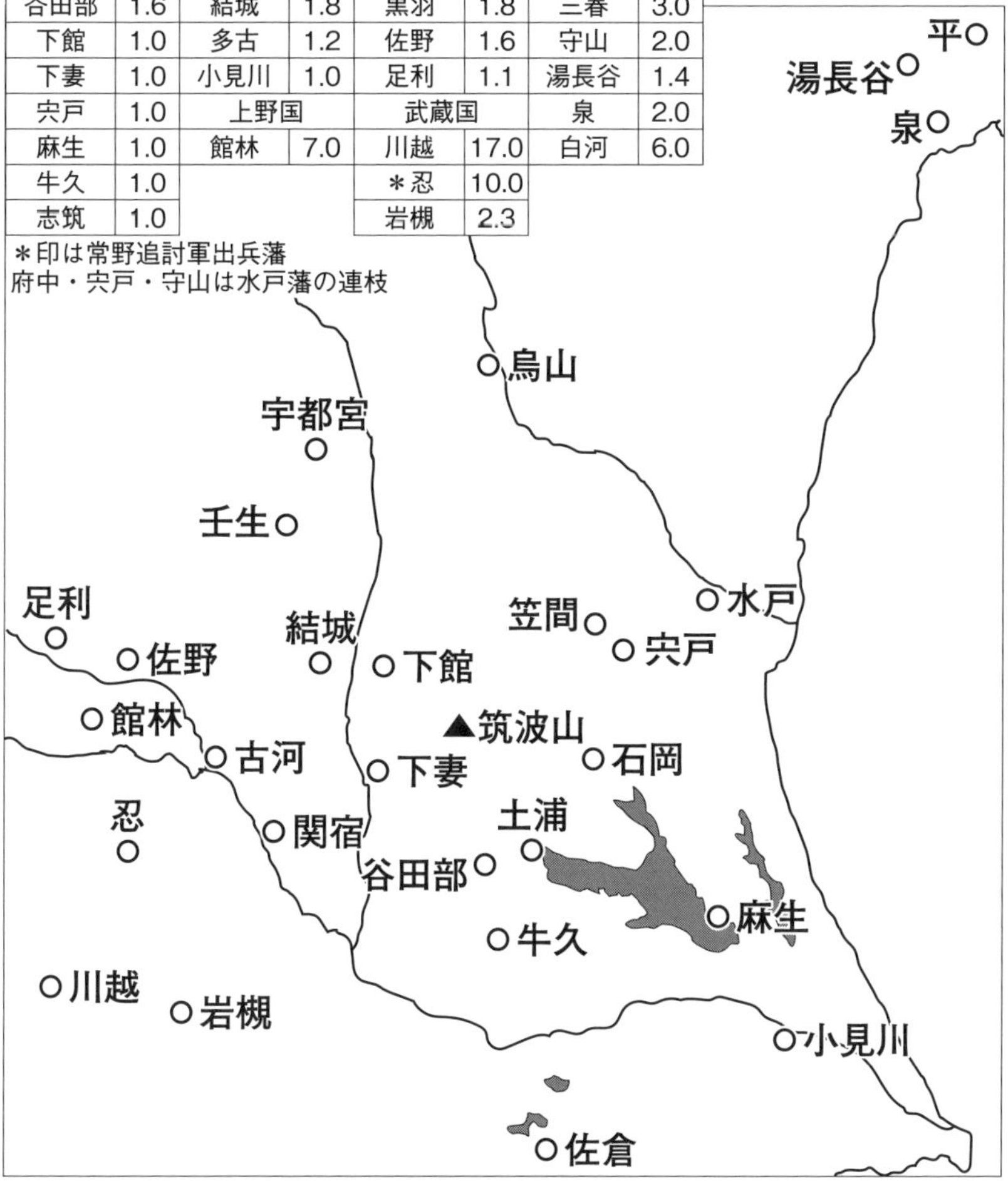

常野州の諸藩

一、若年藩主が招集理由か

藩内外の天狗勢に翻弄される

宇都宮は奥羽地方への抑えとして重要な地である。本多・阿部・深溝松平氏が四十五年間、家康の外孫奥平氏が三期に亘って約九十年間藩主を務めた。残りの百三十三年間を戸田氏が二期に亘って治めている。三河戸田氏は大きく三系統があり何れも江戸幕府の有力大名家であった。嫡流の康長を藩祖とする戸田松平家（松本藩）、一西を祖とする大垣戸田家（大垣藩）と、尊次を祖とする田原戸田家（宇都宮藩）がある。この田原戸田家が一時期島原藩へ移封されていたが江戸時代中期から幕末まで宇都宮藩主を務めた。文久期の藩主戸田越前守忠恕は、弘化四年（一八四七）、老中を務めた四代藩主戸田山城守忠温の六男に生まれ、安政三年（一八五六）兄である五代藩主戸田因幡守忠明が十八歳で死去したため、十歳で遺領を相続した。天狗党事件当時は十七歳と若い藩主であった。

当藩は水戸天狗党に接近された。背景には藩内に攘夷熱が高まっていたことがある。藩主戸田忠温に儒学（長沼流兵学者）教授として招かれた大橋納庵という人物がいた。納庵（上野国群馬郡生まれの幕末三大兵学者の一人清水赤城の四男）は、公武合体を否定し幕府打倒を説く王政復古論者で、外国人を襲撃して幕府を混乱させ、公武合体を頓挫させることを意図し、水戸藩の志士に協力を求めた。すると水戸藩激派から宇都宮藩士と協力して進める旨回答があった。ところが公武合体を推進する老中安藤信正を襲撃する計画の一部が決行前に露見したため、宇都宮側の参加者が幕府に捕縛された。この様な出来事から天狗党事件の前に宇都宮藩は幕府から嫌疑の目が向けられていた。この様に藩内に攘夷論者を抱え水戸天狗党と密接の疑念が持たれていたが、元治元年七月九日に筑波山賊徒の追討を命ぜられ、八月十二日に出兵した。

当時当藩は山稜修補のため多くの家臣を京都に派遣し、又、日光警備にも出動中であったため編成に手間取ったが、四百八十三名の部隊が出陣。筑波山に突入したが、そこには人影がなかった。山を下り転泊していると、賊徒が府中（石岡市）に逗留しているとの報告があった。作戦会議を行うなど準備し二十九日に府中に突入したが、又も賊徒は小川館へ去った後であった。賊徒がゲリラ的な行動を採るとはいえ、積極的に情報収集を行った形跡はなく宿営を続け無駄な行軍を送った感は否めない。

九月六日那珂湊の戦場田彦村に宿営。翌日早朝から合戦の砲撃が響き、手負いを十名ほど出す。九日には不意の戦いとなり負傷者多数。宿陣で評議の結果、出陣してから一カ月、露営も

再建された宇都宮城櫓

多く二度の戦いで弾丸も乏しくなり、田彦での敗戦により藩士の士気は阻喪、孤軍となり応援もないので宇都宮にひとまず帰還再挙すべしとの意見にまとまる。幕府軍総括田沼玄番頭に届出て帰陣したとしているが、幕命の許可を得ないまま帰陣してしまったとされる。

この背景には宇都宮藩士の中には攘夷の気運があり、水戸の攘夷派に共感し、筑波山においても戦うことを憚り、一旦引き上げ体制を再構築する考えであったが、弁明と思われても仕方なかった。また、「宇都宮天狗党」と呼ばれる一団が数十人も水戸天狗党勢に加わっていた。このため、後日二万七千八百石召上げの処分を受けた。

前藩主が罷免隠居

佐倉藩堀田氏は、戦国時代小早川家に仕えた堀田正吉の正室が春日局の義娘（春日局の夫稲葉正成の娘）であった縁から、正吉の長男正盛が家光の近習として仕え、老中にまで出世した新参中の新参譜代である。正盛三男が正俊系堀田家を興し、老中・大老を務めたが殿中で殺害される事件に遭う。二代正仲は山形藩へ左遷移封されたが、五代正亮が佐倉へ返り咲いた。戻った正亮以降の堀田家を「後堀田」と呼ぶ。

文久期の佐倉藩堀田相模守正倫は、嘉永四年（一八五一）に九代正睦の四男として生まれた。正睦が将軍継嗣問題で南紀派から一橋派に路線変更をしたことから、大老井伊直弼との政争に敗れ隠居させられたといわれる。安政の大獄に伴い減封等の処分をされた藩と異なり、正睦は一時的隠居と思われる処置で、正倫が十一万石のまま八歳で家督を継いだ。当藩は何人も老中を輩出して来たので幕閣を支えることの出来る家臣団であったろう。また、正睦は老中首座を務め、「蘭癖大名」と揶揄されたが西洋事情にも通じ、舵取りの出来る人物であった。しかし、後を継いだ正倫は当時十三歳の元服前で鴻之丞といった。内外情勢を把握できるには至っておらず、幕末の難局を統率するには経験も乏しかった。

佐倉城址に建つ堀田正睦像（佐倉市）

万延元年（一八六〇）三月頃から水戸浮浪之徒の動きが霞ケ浦・利根川流域に及んできた。この地方は天狗勢の主力となる潮来郷校が在ったことが影響したと思われる。ただ、旗本知行所と小藩が占めていたため取り締まる武力がなく、頼りになるのは佐倉藩くらいであった。そのため佐倉藩は利根川水運の要所木下河岸や在郷町として栄えていた佐原辺りまで兵を出し、浮浪之徒に対し警察力を発揮していた。文久三年（一八六三）十一月には上総九十九里地方で発生した真忠組の騒乱を、翌年正月に下総多古藩らと鎮撫する功績を挙げている。藩主も藩も佐幕の姿勢を示してきており、後日のことであるが、在京中に徳川慶喜の助命と徳川宗家存続を嘆願したため、薩長側に京都で軟禁されている。

水戸藩領に近い諸藩の中では十一万石の兵力を有する藩なので、幕府諸藩連合軍の主力として那珂湊の戦いに出陣したことは当然のことであろう。ただ、最初の命令が下された笠間藩に代わっての招集は何であったか疑問が残る。

政策抗争に敗れ

関宿藩久世氏の藩祖広之の父広宣が、徳川家康の遠江勢として対武田勢最前線で戦功を挙げ家康の直参となった。広之が小姓から累進し四代将軍の側役となり、慶安元年（一六四八）大名に列した。家綱が幼少であったことから殿居として昼夜側で勤仕し、松平信綱ら家光時代からの遺老が世を去ると寛文三年（一六六三）老中に任じられた。寛文九年に関宿藩五万石の藩主となる。二代重之が転出し、庭瀬・亀山・吉田藩主を務めたが、宝永二年（一七〇五）に関宿へ再封となる。三代暉之は弟の旗本広武の子広明を四代とし、六代綏之が病弱であったため廃嫡して広周が七代となった。少しの曲折があったが広之以来久世氏が八代に亘って藩主が異動しない数少ない藩である。かつ二代重之、四代広明、七代広周の三名が老中に就任し幕政を担っている。家康の直参から取り立てられた江戸中期からの新参であることから、藩主も家臣も徳川あっての藩であった。

文久二年（一八六二）八月、前藩主広周が「勤役中不束の取計が有ったので、出格の思召を以て一万石召上げ隠居を仰せ付ける」との幕府からの御達しがあり、一万石減封され強制隠居処分となった。老中として磐城平藩主安藤信正と共に公武合体を推進したが、信正が坂下門外にて水戸浪士に襲撃されたことが原因である。嘉永六年（一八五三）七代藩主久世広周の長男として生まれた謙吉（後に改名し広文）が、八歳で五万八千石となった家督を相続した。なおも広周が蟄居処分になると一万石の減封処分となり、結局四万八千石となる。謙吉も出仕停止になったが翌三年二月に停止が解除され漸く実質的に藩主となった。水戸浪士が蜂起した元治元年六月に広周が死去し、失意の藩士の間では佐幕派と尊攘派が対立を始めた。思想的な対立からよりは、前藩主に対する幕府の扱いに対する不満からの反幕と推測される。そのような中、厳しい処分を行った水野・板倉体制の幕府から浮浪之徒追討軍へ出陣を命じられた。

安藤信正像（いわき市、磐城平城址内）

安藤氏は直次・重信兄弟が徳川家康に仕え、嫡男直次は徳川頼宣附家老として田辺城三万八千石の城主となり明治維新まで続いた。次男重信は後に二代将軍となる徳川秀忠付きになると、秀忠の側近として力を発し、土井利勝と共に幕政を支え老中を務めている。下総小見川藩から高崎藩へ移り、後継者が幕末まで十二代に亘って、備中松山・美濃加納を経て磐城平藩主となった。この間に、重信・信友・信成・信正と四人もの老中を輩出している。

信正が筆頭老中として公武合体策をもって幕政を主導したが、坂下門外の変を機に久世広周と共に失脚し、老中罷免になると信民が四歳で襲封した。しかも二万石減封され四万石での相続であった。しかも信民は病身であり翌年三月に死去してしまう。隠居中の信正は娘が正室となっていた信濃岩村田藩内藤正誠（正信）の弟信勇（信武）を継嗣とし、十月に十四歳ながら藩主に迎えた。減封は前藩主の政治的失脚による処分であったが、末期養子状態での藩主就任のうえ、十五歳という若年のため追討軍への招集になったと思われる。

藩主が定まらない御家事情

忍藩の奥平松平氏は、文政六年（一八二三）の「三方領知替え」で忠堯が伊勢桑名藩から阿部正権の後に十万石で入封した。一連の転封は白河藩松平（久松）定永が桑名への所替えを運動したことが引き金と言われ、白河藩へ阿部が転封となった。この奥平氏転封に際し、農民からの講金預りを返済出来ぬまま忍へ移ろうとしたため、農民は大名に逃げられてしまうのを恐れた「文政農民桑名一揆」が起こっている。桑名時代の借財と引越し費用で合計十万両以上の借財があり、財政窮状が続いていた。

忠堯は弟の忠彦を養子として家督を譲ったが二年足らずで死去、次の弟の忠国が養子として相続した。しかし、忠国も継嗣では苦労する。まず水戸藩主徳川斉昭九男の忠矩（後に岡山藩主となる池田茂政）を養子に迎えようとしたが、安政の大獄に伴う影響を恐れて廃嫡、次に迎えようとした忠毅（筑前秋月藩長元五男）は病弱であったため死去、文久三年（一八六三）に急遽忠誠（下野烏山藩大久保忠保の弟忠声の長男）を養子とし、自らは隠居して藩主を譲った。天狗党事件の一年前であった。

当藩は元禄年間における五万石の減封後も藩士を減らさずにいたうえ、大地震や大洪水などの災害も加わり財政困窮状態であった。そのような状況でも房総警備、品川台場担当、京都警備と次々に役目が命じられながら十万石の体面を保っていた。この流れからか京都警備は免ぜられたが、後継者のごたごたから天狗党追討軍へ招集された。

再建された忍城御三階櫓（行田市）

棚倉藩松井松平氏は、浜田藩主時代の康任が密貿易事件で天保六年（一八三五）強制隠居させられ、康爵が家督を継いだ。翌年五千石減封のうえ六万石で棚倉へ懲罰的左遷となった。康爵は病弱で動けず隠居し弟の康圭に譲った。康圭は藩経営に専心していたが四十二歳で死去し、文久二年（一八六二）に康泰が十三歳で襲封した。このため天狗党事件当時の康恭は十五歳の若年、しかも病弱で藩政を執れずにいた。幕府に有無を言えない状況で追討軍へ招集されたのではないか。

壬生藩は三万石の小藩ながら招集された。藩主の鳥居丹波守忠宝は若年寄を務めた忠挙の三男として生まれた。安政四年（一八五七）父が病死し十二歳で遺領を継ぐ。文久二年（一八六二）藩内の勤王派により江戸家老鳥居志摩が失脚、自殺させられる事件が起き、藩士鎌田寸四郎等四名が水戸天狗党に参加するなど不安な情勢であった。元治元年六月、水戸浮浪之徒が近村を侵掠したため、出兵し、追討軍に招集された。当藩も藩主が若年であったことが招集の決め手であろう。

二、攘夷に理解を示し警戒？

水戸姻戚と反幕活動家が背景に

土浦藩主土屋家は甲斐武田氏の譜代家老衆の一人であった土屋昌恒が武田勝頼と共に戦死したが、武田家臣を積極的に採用した徳川家康は、昌恒の長男忠直を召抱え上総久留里藩に配した。忠直の次男数直は三代将軍家光に仕え寛文二年（一六六二）土浦藩主になる。一旦土浦を離れるが二代正直が再入封し以来幕末まで土屋家が土浦藩主を務めた。土屋家は開幕後に召抱えられた譜代で、徳川家に対する藩屏の信義は「三河譜代」とは異なっていたであろう。

幕末になると、七代寛直が八歳で家督を継ぎ十六歳で死去。無嗣廃藩の危機を祖先の勲功があるので、死亡を一年後とし、実妹を養女として水戸藩主徳川治保の三男を婿養子に向かえ八代藩主彦直とした。また、元治当時の藩主土屋寅直（四十四歳）は水戸藩九代藩主徳川斉昭と従兄弟にあたる。血縁上は水戸徳川家の分家状態の藩であった。また、正室は久留米藩主有馬頼徳の娘で、川越藩主に養子となった攘夷論者の松平直克は義兄にあたる。

藩関係者から尊攘運動に関わる者が出ている。八代彦直に仕え脱藩した渡辺六蔵は、江戸浅草の豪商の手代を経て、旗本の侍医飯泉春堂の娘婿となり飯泉喜内と名乗った。三条実万の家士となり、将軍継嗣問題では橋本左内らと一橋派として活動、ロシア人との接触を疑われ下田奉行に捕らわれる。押収された書類から多くの攘夷志士との手紙が見つかり斬刑された。発見された手紙がきっかけとなった「安政の大獄」は当初「飯泉喜内初筆一件」と呼ばれた。飯泉は元藩士ではあるが、当藩は幕府から疑いの目で見られたであろう。

もう一人水戸学の影響を強く受けた大久保要がいる。

土浦城太鼓門櫓

大久保は九代寅直のブレーンとして藩政改革に深く関わり功績を挙げた公用人。寅直が大坂城代に任じられると大久保を随身させた。大久保は安政の大獄の引鉄となった「戊午の密勅」に深く関わり、安政五年（一八五八）永蟄居となり、寅直は大坂城代の辞任で事なきを得た。

このような背景からか寅直は兵庫開港にも反対であり、天狗党の鎮圧に対しては曖昧な対応で消極的であった。元治元年六月二十一日に天狗党が城下に近い土浦藩領の新治郡真鍋・中貫両村を焼払った。対応処置が緩慢で幕府から叱責を受け、討伐の厳命を受けたが城下北部城付き領の筑波郡北条・小田方面の固めを命ぜられるのに止まっている。しかも、当藩儒者中田正誠の日記に「八月六日、藩主寅直、書ヲ幕府ニ上リ、常野浪士ヲ説諭シ、尊王攘夷ノ意ヲ汲ミ、横浜鎖港ヲ断行シテ、人心ヲ安堵セシムルノ急要ナルヲ説ク」とある。この進言は最早時機を逸しており取ってつけたようである。攘夷論者を抱えたうえ、水戸藩との強い姻戚関係にあった藩なので、幕府は当藩に対する警戒心があってか那珂湊へ招集しなかった。

養子藩主が幕閣と対立

川越藩の結城松平家は、明和四年（一七六七）に朝矩が前橋藩十五万石から移封し始まった。移封の理由は前橋城本丸が利根川の流れにより崩壊し、復旧の見通しがなく移封の要請をしていたところ、前藩主の老中秋元凉朝が田沼意次との対立から山形へ移され、朝矩の要請が認められた。前任者が六万石であったため、前橋藩時代の上州約七万五千石が当藩の飛地となり、この他の領地も各国に分散していた。

〝引越し大名〟と揶揄されるほど度重なる転封から藩財政は苦しかった。川越藩は江戸時代中期まで老中格の藩であったが、結城松平家は家門なので老中には就かず、この時点の川越藩中には幕閣藩としての意識はなかったであろう。

朝矩のあと四代目誠丸は十四歳で藩主に就任したが、病弱のため四年で隠居した。次に、水戸藩徳川斉昭八男の直侯を養子として迎えたが病弱のため二十二歳で隠居（二十三歳で死去）し、天保十一年（一八四〇）久留米藩主有馬頼徳の正室が一橋斉敦の娘である関係から、十三男（兄たちが夭折し実質五男）富之丞が養子として迎えられ、直克と改名し二十一歳で藩主となった。この一連の養継嗣から結城松平の血脈は薄れ、当家は直克の特性による面が強くなったと思われる。

直克出身の久留米藩には水戸学を奉じる「天保学連」という一派があり、この派の若手と後継藩主が万一の際に富之丞を擁立しようとする動きがあった。しかし、指導者層はこれ

川越城本丸御殿

に反対し、この両派が長く対立することとなる。このような環境に育ったこと、前藩主直侯が徳川斉昭の八男ということもあり、水戸浪士の筑波勢に対し好意的であった。文久三年（一八六三）十月に弱冠二十三歳で政治総裁職に就くと、直克は横浜鎖港問題に関し老中板倉勝静らと対立し、一旦は直克の要求通り板倉ら四人が罷免されたが、家茂の御前で行われた評議において、直克が筑波勢の武力討伐に反対したことで政治総裁職を罷免された。この出来事を契機に幕府は筑波勢鎮圧の方針を定めたが、直克が口を出したため混乱を招いたことは否めない。

幕閣の意識も家門の結城松平氏の意識も薄れ、直克の政治総裁職罷免と天狗党へ理解を示していることからか、幕府は当藩を那珂湊への追討軍に招集しなかった。加えて、天狗党が上京を目指し上州方面に向かった際に、当藩の分領が前橋にあるため、高崎藩ほか上州諸藩と共に「前橋藩」にも幕府からの討伐命が出された。しかし、「前橋藩」は出陣しなかった。

三、幕府を支えた家だが招集されず

水戸藩領に隣接したためか？

江戸時代後半の笠間藩は牧野家が藩主を務めている。近世牧野家は祖牧野康成の長男忠成の系列が長岡藩、三男儀成の系列が当藩に繋がる。儀成系二代目成貞が五代将軍綱吉の側用人として重用され、下総関宿藩主となると三河吉田、日向延岡を経て貞通が笠間藩に配された。貞通は長岡藩牧野家の五代目忠周に継嗣がいなかったため、貞通は自分の嗣子忠敬を六代藩主に送り込み、笠間藩は三男の貞長に継がせた。忠敬の後も八男忠利が長岡藩七代に、十男忠寛が八代に就いている。血の流れからすれば長岡牧野家は笠間牧野家の流れになり、笠間が牧野家の主流になったと言える。長岡藩からは九代忠精、十代忠雅、十一代忠恭と三代続けて老中に就任している。

笠間および長岡藩主の牧野氏

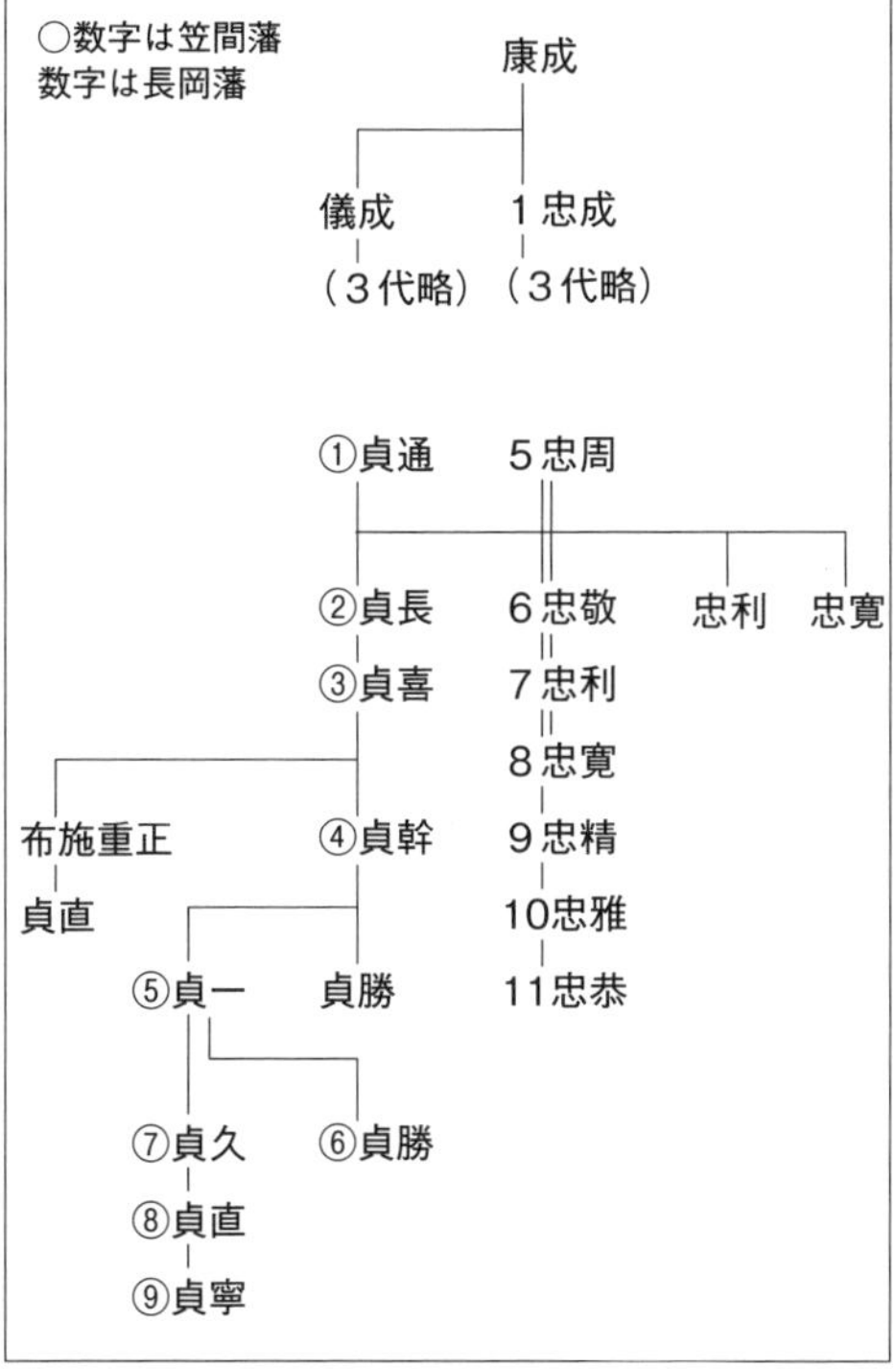

一方で、笠間藩牧野家では、天保十三年（一八四二）壬寅に起きた「寅年の騒動」以来、長岡藩主牧野忠雅の差図に従うべきことになっていた。その理由は、五代目貞一が十三歳で就任したが二十五歳で死去、弟の貞勝が十六歳で就任したが十七歳で他界、貞勝の子貞久が五歳で七代に就いた。幼少の藩主を擁して家老川崎頼母が藩政を執ると、専制を批判する勢力が台頭した。この川崎派に対し尊王攘夷論者の儒学者加藤桜老らが直訴すると、家老の牧野光保が仲

裁に入り落ち着いたかに見えたが、光保がゴタゴタの責任を取って屠服してしまった。
川崎派は、主君貞一が幼少であることを理由に、長岡藩主牧野忠雅に家政向きのことを相談し快く承知された。以後何事も忠雅の差図に従うべきとなり、長岡牧野家をバックとした川崎派が笠間藩を支配する体制となった。

笠間藩主の就任と在籍

藩主	生誕		就任		年	逝去		年	在籍
貞幹	天明7	1787	文化14	1817	20	文政11	1828	41	11
貞一	文化12	1815	文政11	1828	13	天保11	1840	25	12
貞勝	文政7	1824	天保11	1840	16	天保12	1841	17	1
貞久	天保6	1835	天保12	1841	5	嘉永3	1850	14	9
貞直	文政13	1830	嘉永4	1851	20	明治20	1887	56	17

天狗党事件当時の藩主牧野貞直（当時三十三歳）は、笠間藩三代藩主貞喜の四男布施重正の次男に生まれたが、嘉永三年（一八五〇）に七代藩主貞久が死去したため、翌年四月末期養子として二十歳で家督を継いだ。将軍増上寺参詣後固め役や日光霊廟修補惣奉行など毎年の如く幕府御役目を担当し、元治元年四月八日、老中牧野忠恭（長岡藩主）から呼出があり、前述の米国公使館警固の任を免ぜられ、土浦藩などと共に「在所近辺へ水戸殿領内之者相集候趣ニ付、右人数早々在所江差遣、厳重ニ警衛可致旨」と示達された。六月十一日には高崎藩と共に浮浪之徒追討の命を受けた。因縁であろうか、米国公使館警固の前任者は高崎藩主の松平（大河内）輝照である。しかし、十六日になると、水戸藩が追討軍を出すことになったから、笠間藩の出兵は中止の命令が伝えられ直ぐに佐倉藩に変更される。

当藩は、様々な幕府からの役目を果たしてきた。水戸城下に隣接する場所にあり、中小藩が多い関東地方に於いて、八万石の中堅藩であれば相対的に軍事力は整っていた。しかし、那珂湊での常野追討軍に編入されなかった。水戸から野州への抑えに位置するとはいえ、第二次常野追討軍は「賊軍」となった水戸浮浪之徒を殲滅させる幕府諸藩連合軍である。にも拘らず出兵の命がなかったのは、老中牧野忠恭の配慮からではないか。何故なら「寅年の騒動」の際に長岡藩牧野忠雅の差配を仰ぐことにして以来、笠間牧野家の藩政は長岡牧野家に委ねられてきたからであろう。

兵站要地守衛のためか？

古河藩は老中格城のため多くの譜代有力大名が藩主を務めたが、土井家が最も長く務めている。第一期土井家は、寛永十年（一六三三）に土井利勝が佐倉藩から十六万石で転封となり始まる。利勝は家康に引き上げられ、秀忠と家光の老中・大老として幕閣の中心をなし、江戸幕府の基礎を築いた。利勝の徳川政権に尽くした偉功により、土井家は無嗣改易の危機もあったが存続する。利勝の四代後の利益が古河を離れ志摩鳥羽藩へ、肥前唐津を経て再び当藩主となる。ここからの藩主土井家を第二期土井家と呼ぶ。利勝を家祖とする土井家はただの譜代藩に留まらず終始一貫して佐幕の家で、幕末ぎりぎりまで譜代藩としての立場を固守しようとした。

第二期四代目の土井利位は、大坂城代時代に大塩平八郎の乱を鎮圧して評価され、京都所司代を経て老中に就任する。老中首座水野忠邦の政策に反対する反水野派の中心として忠邦を老中罷免に追い込んだ。しかし、将軍家慶が外国問題の紛糾解決を図るため忠邦を復帰させると、利位は忠邦との軋轢を恐れて老中を辞任する。辞任後も忠邦の再任などに反対を続け、忠邦は二万石没収され隠居謹慎処分を受けた。天狗党事件当時の老中水野忠精は忠邦の長男である。

古河付近図

利位は藩政において善政を執り土井家中興の祖と称される。しかしながら利位には継嗣が居らず、敦賀藩酒井家から養子を迎え、嘉永元年（一八四八）四月家督を相続させたが、四カ月で利位の後を追うように死去。続いて伊勢久居藩藤堂家から養子を迎えたのが六代目藩主の利則で十七歳と若年の襲封であった。天狗党事件当時、利則は病弱で藩政を執ることが難しく、藩政は家老以下に委ねていたが三十三歳になっていた。

古河城下は日光（奥州）街道の宿場でもあり、将軍の日光参社の往復における宿城をはじめ、多数の従者の宿泊及び賄いの用意、街道の整備と警戒など負担が大きかった。一方、日光東照宮の一段の聖地化により街道筋は往来が増加し、古河宿は大きく発展していた。この他に常陸下妻・下総関宿・下野栃木・上野館林方面へと縦横に街道が走り、また、利根川に繋がる思川・巴波川・渡良瀬川の河岸が五カ所もあり、物資の輸送が行き来する要衝であった。

　幕府は野州高道祖の戦いの翌日に新たな常野追討軍の派遣を決め、軍事物資は古河町の西を流れる渡良瀬川船渡河岸で古河藩の荷物取扱業者が請け負った。初日の追討軍兵糧米は千五百俵もあり、その後も二週間で五千二百二十五俵が送られてきたと記録されている。ここから鬼怒川筋の下妻の宗道河岸や巴波川の栃木の新波河岸に送られた。このように古河は追討軍の兵粮米など物資の兵站基地を担い、また何本もの街道が交叉し、天狗党の上京などの軍移動を抑える要衝であった。

　徳川幕府を支えてきた有力譜代の土井家であったが、筑波勢の騒動に対する方針はあくまでも自領の警備や取締で、筑波勢が太平山に集結していた際も家臣を地元に戻し領内警備に当てさせた。城下を頻繁に見廻り、領分境に出兵する場合に備えて家士や足軽数十人及び大砲方数十人を配置し、城付き領の主要宿場にも配置し、積極的に戦う意思を見せなかった。肥前唐津から当藩に再封されて以来、藩主土井家は全て養子で継いだ。藩祖利勝の気風は失せていたかもしれない。加えて十数年間に亘り病弱な藩主利則を抱えていたため「藩第一」の姿勢を執っていた。追討軍兵站基地の守衛と「藩第一」の姿勢が慮れてか追討軍に招集されなかった。ただ、追討軍費として三千両の調達を命じられている。

第七章　那珂湊の戦い

一、戦場が常州南部から北部へ

天狗勢は軍事的にも大きな集団となり、また、民衆に対しても甚大なる損害を与え、幕府としては放置することは出来ず、幕府軍と諸藩連合の追討軍が那珂湊地方へ出陣した。高崎藩も追討軍の一員として藩の主力部隊が出陣となる。後日のことだが、この派遣は高崎藩が下仁田へ出陣する際に戦力が手薄となる原因であった。高崎藩の徒士頭兼使番寺田五右衛門の遺稿『甲子筑波遣中日記』を基に那珂湊の戦いを追ってみる。原文では幕府役人は敬称が付されている。

高崎藩の主たる出陣者は左記のとおり。（　）内は高崎藩分限帳記載の役名と石高

・小頭武者深井虎之助（番頭三百石）・宮部東馬（家老宮部兵右衛門長男・持鎗奉行席）

・者頭宮部八三郎（者頭三百八十石）・高木會輔（使番二百石）・島田弥七郎（弓組頭十五人扶持）・松井清左衛門（使役百石）

・目付伊谷隼太（使役百三十石）・稲生喜兵衛（数鎗奉行席九十石）

・徒士頭兼使番寺田五右衛門（使番席五十石）

・徒士頭代奥村惣兵衛（数鎗奉行席五十石）

・留守居代兼使番菅谷團次郎（使役十三人扶持）

・大砲方櫻井欽史郎（使役五十石）
配下には、小頭武者等に率いられた組足軽各二十人、大砲方諸士三十人、徒士小頭と徒士方都合二十一人ずつ二組が配された。

高崎藩が常州に向け出陣

八月、高崎藩は飛地の銚子領近辺へ浮浪之徒が立ち廻って来たので出動の準備をしていた。浮浪之徒が利根川対岸の常州矢田部村（神栖市）へ押寄せたことが注進され、八月二十九日、武装を整えて、銚子陣屋から利根川沿いに出張。六、七日の後、佐倉藩が人数を五、六艘で押出し、焼玉（炉で加熱した砲弾）を打懸けて潮来館（行方郡潮来村に在った水戸藩郷校で天狗勢の拠点）を焼払い、同所に居た浮浪之徒は鹿島方面へ逃げたので棚倉藩勢が追撃したが、鉾田村（鉾田市）に在る三光院へ逃げ去った。この頃から、「浮浪之徒」と呼ばれた連中は、幕府追討軍が鎮圧する「賊徒」と呼ばれるようになる。

九月四日、幕府目付戸田五助から旅宿へ呼出があり、留守居役代の萱谷団次郎が罷り出たところ、追討軍総括田沼意尊から賊徒追討を命令され、十三日に今泉村から鉾田村へ出兵し、十五日に到着して同所の三光院に宿陣した。到着する以前にも佐倉藩と棚倉藩が人数を繰り出し、幕府軍歩兵頭北條真太郎が一隊を率いて塔ケ崎村（同市）から三光院へ向け大小銃を撃ち掛け、両軍が必死の砲戦となる。賊徒四、五人を打ち取り、二十四、五人を生捕った。棚倉藩が

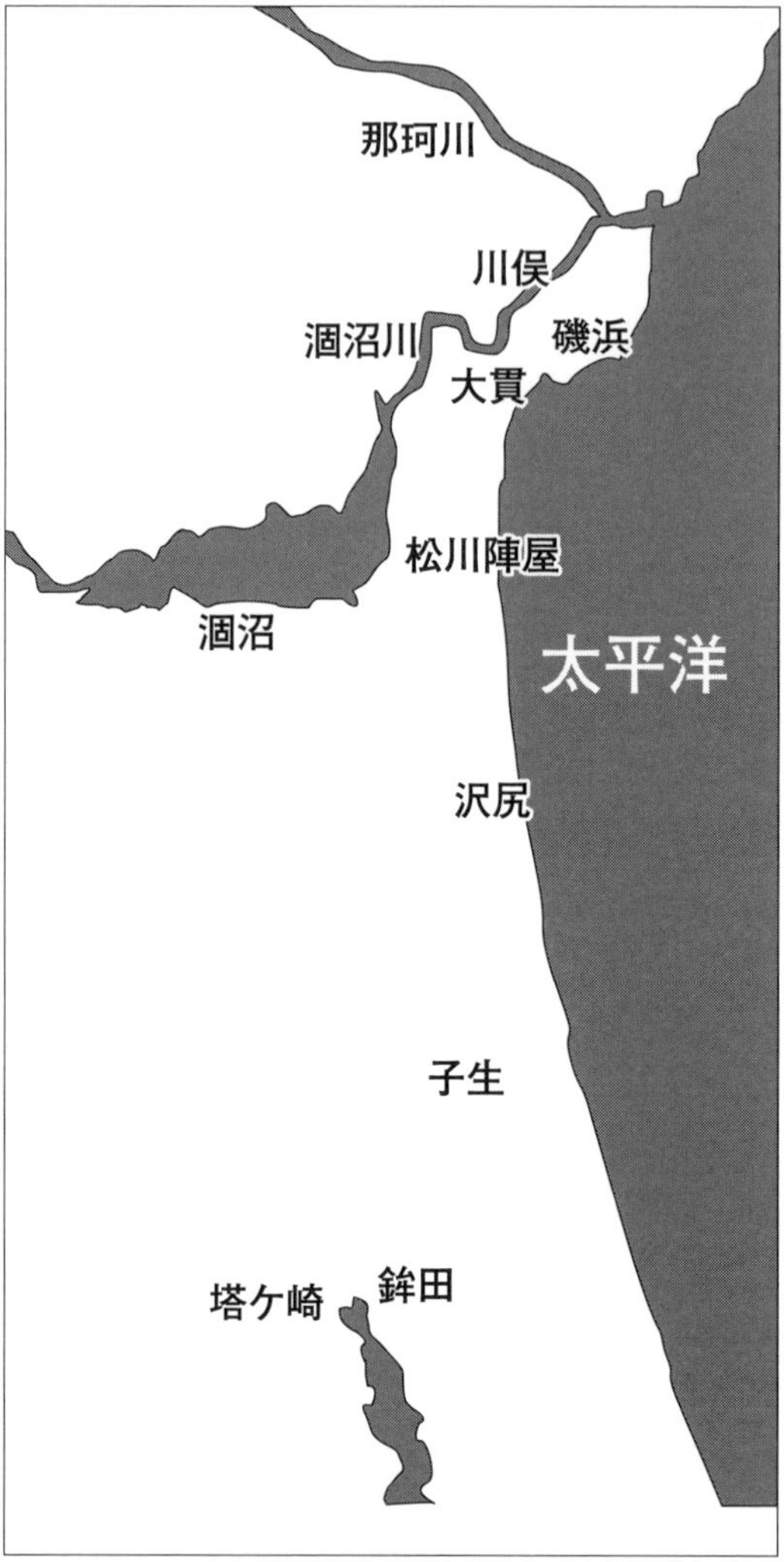

常州鹿島郡周辺図

追撃したが、賊徒等は潮来・延方（いずれも潮来市）・鹿島（鹿島町）・鉾田村（鉾田市）方面へ逃げ去る。この戦において歩兵方が二人討死した。

九月十七日、戸田五助が率いる幕府軍は、佐倉・棚倉両藩等と共に夏見村（同市）を発して大貫村（大洗町）方面に進み賊徒と戦闘になる。賊徒等も手強く、佐倉藩兵は大貫村に宿陣すると夜襲をかけられ、遠来の棚倉藩兵は土地不案内のため二十人ほどが討死、怪我人を加えると都合三十人ほど死傷者を出した。二十二日には、佐倉藩がポンペン（旧式の大砲）を討ち掛け大貫村に火をかけ磯浜まで焼き払い、浪士等は西北の風が激しくて防ぐことが出来ず祝町（同町）へ逃げ去り、追跡をして祝町から那珂湊（ひたちなか市）へ進んだが渡船場には多くの者がいて一時には渡りかねるうえ、敵方が火を放ち追撃されないようにして湊へ渡った。

寄せ集め軍のため混乱

鹿島郡の子生村（鉾田市）へ進出した高崎藩は、幕府目付戸田五助から呼出がかかり、目付伊谷隼太が出頭すると、松川（大洗町）辺りへ出陣の達しがあった。しかし二十三日に命令変更となり、大貫村磯浜（同町）辺りへ転戦したところ、佐倉藩が戦った後で、佐倉藩役人と面会し入念に軍議を行い磯浜に宿陣する。翌日、祝町の那珂川沿いまで進軍し待機していたところ、松平頼徳が降参状を佐倉藩に差出したとの話が飛び込んだ。頼徳が湊より祝町へ移るにあたり、高崎藩は受取り役の警固として祝町の川渕辺りで控えていたが、幕府軍徒士目付橋詰正一郎から高崎藩へ出陣の用なしと伝えられた。

二十五日、松平頼徳が湊より祝町へ移るにあたり、佐倉藩がその一行を警衛し高崎は祝町の警固を命ぜられた。ところが佐倉藩は大貫村への陣替えを命令された。高崎藩は二十六日昼過ぎ祝町へ詰めて野営を張り、焼け残りの会所を本陣として宿陣した。宿陣中役人が集まり相談のうえ、見張場所を固めるため別手組竹中清兵衛配下手の者に命じて不眠不休で見回りをさせた。

二十八日の夜は風雨が激しく厳重に注意をしていたところ、九ツ時頃浪士から渡船場へ夜討を仕掛けられたと緊急の注進が届いた。一同持場を固め大小銃を手配し、必死の覚悟を決めていたところ、各持場が厳重のため浪士どもが逃げ去ったので、見張を固めつつ宿舎へ戻った。翌朝竹中清兵衛手の者が船二艘と水中に張り巡らした網三張を分捕った。

二十九日昼過ぎ水戸弘道館本営の追討軍総括田沼意尊から呼出があり、寺田五右衛門が出頭したところ、川俣村（水戸市）へ陣替えを仰せ付かる。「祝町の方は如何したら」と尋ねたところ、佐倉藩へ跡詰めを命令したとのこと。幕府軍小姓目付野田芳之助からも川俣村への陣替えの命令があった。同様の内容だが二筋から命令が出る指揮系統は覚束なかった（川俣村は涸沼川の北に位置し、祝町と磯浜は南に位置している）。

ところが、佐倉藩が出張してこないので、早々出張するよう申し渡された。翌晦日には今度は幕府軍目代小出順之助から呼出があり寺田が出頭したところ、佐倉藩には厳重に注意したので、川俣村へ直ちに陣替えし詰めるようにとの御達しであった。交代の佐倉藩が到着次第早々に詰めることが出来るように、直ちに取って返し夜四ツ時過ぎ祝町まで帰った。佐倉藩と交代し磯浜へ兵を戻し、その夜のうちに兵が揃ったので川俣村へ向かった。漸く最終持場に宿営。

追討軍は幕府軍と諸藩の連合軍のため「船頭多くして船山に上る」の状態で、命令が様々な方面から出された状況が窺える。

二、天狗党事件の分岐点

緒戦は天狗勢が優勢

諸藩及び幕府軍の布陣は

中根村

　二本松藩千人余　宇都宮藩六百人

　福島藩四五百人　棚倉藩六百人余

　歩兵頭北條真太郎組二大隊

　目付志羅楽弾正

　書院番頭神保山城守

　市川三左衛門書生方三百人余

柳沢村

　関宿藩二百人余　壬生藩二百人程

　歩兵頭條織部組二大隊

　大砲頭萬年弥一郎組百五十人

　目付高木宮内　別手組大久保新五左衛門

　小姓小十人組竹内日向守・立田主水

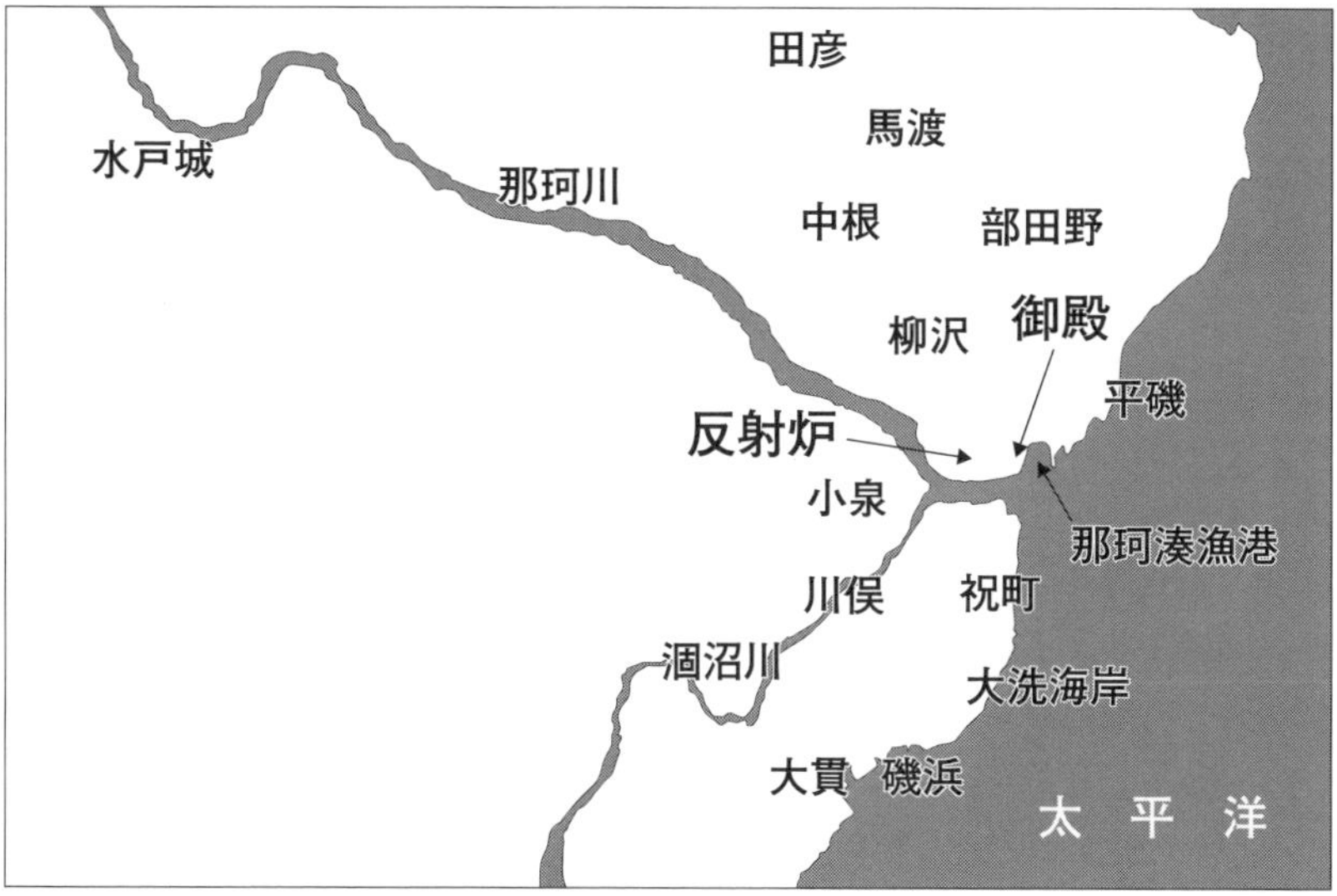

那珂湊周辺図

馬渡村　小姓番頭井上越中守・先手番頭土屋金之助など慈淵勢三百人余
小泉村　歩兵頭平岡四郎兵衛二大隊
川俣村　高崎藩精鋭五百人余
祝　町　佐倉藩
岩船山　忍藩七百人程

十月に入ると戦闘が激しくなる。一日朝五ツ半時頃報告のため小出順之助のもとへ出頭すると、早朝から砲戦を行う手筈について申合せがあり、早々に砲戦せよとの御達しにつき番頭へ報告。諸役が軍議を行い大砲方へ命令が出た。しかし前日からの雨天により一同当惑難渋する。歩兵頭平岡四郎兵衛から隊長の者一人が早々に出頭するよう御達しがあり、留守居役が出頭したところ、今晩湊へ出撃する旨の申合せで出陣兵員数を聴取される。評議の結果、先手を百五十人程とする旨申し上げる。全員に赤いたすきを渡すこととなり手配をする。歩兵頭平岡四郎兵衛組の百人が初手より大砲を湊へ向け撃ち掛け、なかでも中根村方面で一段と厳しく撃ちたてる。その日の夕方になって徐々に人数を引き揚げる。

十日、砲戦は暁より始まり、中根村にて福島藩三十人余討死、柳澤村にて関宿藩十三人、歩兵方五、六人討死。敵方も討死数多あるが首級を揚げる間もなく、先方にて一人残らず片付けたので打取った者は分からず。諸生方では筧下総守が小銃で大股を撃ち貫かれ、今日の戦闘は追討軍の敗北であった。賊徒共は戦が始まって以来の大勝利と祝っているとの風聞が入る。高崎藩では大砲方手伝の徒士に怪我が一人出た。

追討軍の戦略変更

歩兵頭平岡四郎兵衛から内々の達しがあった。賊各隊から厳しく攻撃を行った場合には、賊徒は中根村方面へ脱走するであろう。しかし、川俣村へ夜討を仕掛けた場合には塩ケ崎村（水戸市）へ切抜け水戸弘道館へ討ち入るのではと思われる。どちらになるか情勢分析中であるが、川俣村へ攻撃する案が専らであった。厳重警固の内達に基づき藩内で評議したところ、川俣村岩船山の下通りまでは手広い場所なので、他藩も配置されるよう歩兵頭平岡へ願い出たところ、至極尤もと聞入れ、直ちにそれぞれの筋へ命令が出された。その結果、関宿藩が岩船山の

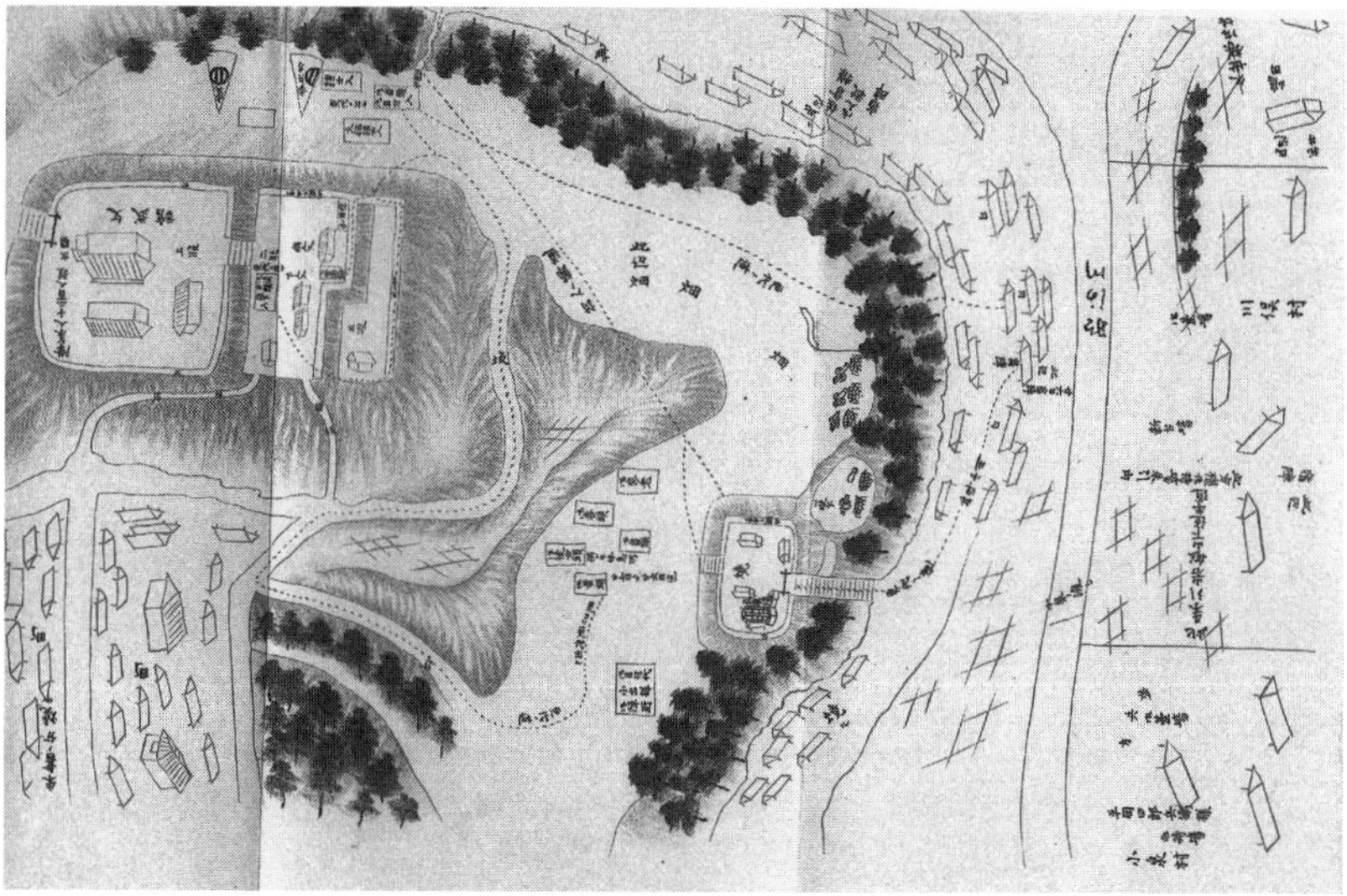

「那珂湊戦場絵図」部分

下通りから川俣村中程まで持場の取極めを申合せ厳重な警固に入った。

　十六日、岩船山の下通り明神脇にて舟を渡している時に、誰か一人出頭するよう命令があり寺田五右衛門が出向いた。幕府歩兵差図方から大小舟十五艘を受取り、各舟に高崎と印を付け、足軽三人を番人に付けた。出舟の際には各舟に水主を出した。十七日仏暁より連日砲戦を行う旨の御達しがあり、翌日御達しの通り払暁より砲戦が始まり、昼過ぎ中根村方面で一段と激戦になった。磯崎平磯方面数ケ所に火が掛けられ、次第に火勢強まったので湊へ討ち入る。昼八ツ時頃急の御達しがあり、一同本陣前に集まり夕刻まで待機する。しかし、この日は延引になり各々陣所へ引き取る。この時中根村にて宇都宮藩兵二十四、五人程が討死した模様で、追討軍の戦略に危うさがあることから攻撃方法を見合わせることとなった。

夤賓閣跡（湊公園）（ひたちなか市）

追討軍の反撃

二十二日夜四ツ時頃、歩兵頭平岡から隊長一人出頭するよう御達しがあり、小頭武者深井虎之助が出向いたところ、今晩湊へ攻撃する申合せがあった。賊徒共のうち五百人程が降参したという話もあるが、兎も角攻撃の達しがあり、高崎藩は兵力のうち歩兵方二隊は反射炉（旧那珂湊市）へ向け遮二無二突撃、同所には屈強の者五、六十人がいたが覚悟のうえ突入した。

佐倉藩歩兵隊の内より二百人程が湊御殿を奪うべく命令があった。逃げ出す者があれば中根村・柳沢村・馬渡村・大田村辺りはそれぞれ諸隊が詰めており、一人残らず討取る申合せがありそれに従うことになる。攻撃する際は降参した者の内より合図の烽火を上げ討ち入る手筈とした。一同必死の覚悟を持って（殿様からの）御下知状を守り船に乗り込んだ。間もなく合図の烽火が上がり歩兵方は早舟にて順次乗り出し、高崎藩兵も歩兵方の後に続き乗り出す。先手の舟に我先にと乗り込み、水主に対し先へ先へと激しく声をかけ血気盛んにして対岸へ追いついた。

歩兵方二隊は差図役も上陸し揃うのを待っていた。高崎藩兵は如何したかと問われ、最早万全と回答。七曲という岩場に上り、全員揃うのを見計らい、一同揃ったので鬨の声を上げ、歩兵方の者が太鼓を打ち立てた。反射炉を目当てとして山坂を平地の如く進行し、勇気満々として歩兵方が反射炉三十間程手前よりケベル銃を撃ち掛け、その音は激しく天地に響き百雷の轟くようであった。

高崎藩をはじめ追討軍の士気の高さ、攻撃の凄さを自画自賛するかの表現になっている。

追討軍の勝利

賊徒共は追討軍の勇気に恐れをなして取る物も取らず逃げ去る様子は〝蜘蛛の子を散らす〟が如きであった。峰山・館山方面へ雲を霞と逃げ、影も消え、反射炉は歩兵方と高崎藩兵が占拠し一斉に歓呼を上げた。その時、湊の周囲一帯が火に包まれ黒煙が盛んに揚り、何処で地雷火が発したのか計り難く一同色をなす。峰山・館山から賊徒共が湊へ向け大砲を撃ち掛け、佐倉藩兵も大砲で反撃し、暫く幕府軍歩兵隊と市川らの隊が賊徒共を峰山へ追い散らした。

中根村を中心とした戦いにおける追討軍の勝利は、幕府と天狗勢との戦闘は勿論、浮浪之徒の取締においての分岐点となった。八百人程の賊徒共が逃げ出し、大多数は投降した。湊のまち中は残らず焼失し、夕七ツ時頃鎮火した。

降伏した天狗勢は文武館に集められ、高崎藩と歩兵方にて警衛するよう達しがあり、歩兵方差図役に申出て藩兵を配し警固した。那珂湊を占拠して野営す。二十三日から二十六日の間湊に居たところ、目付小出順之助から反

那珂湊反射炉跡（復元）（ひたちなか市）

射炉下の焼け残った場所に宿陣すべき旨の達しにつき、水戸藩目付方へ談判のうえ相応の場所へ宿陣した。本営の弘道館に陣取っていた総括田沼から呼出があり寺田が出頭すると、降伏した者四百人程を一先ず高崎藩へ預けると。翌日徒士目付伊藤三郎と小人目付鈴木伊助から示達され、塩ケ崎村（常澄村塩崎）にて暁七ツ時頃から降伏者の引き渡しの指示があった。

三、戦闘の後始末

投降者収容に混乱

水戸浮浪之徒が多くの民衆に与えた被害と、幕府や諸藩の幹部に心労を及ぼしたが、追討軍の兵士にとっては戦場で対峙した相手に過ぎないのであろう。恨みや憎しみがあるのではなく、結果として勝ち負けだけなのかもしれない。天狗勢が追討軍に降伏すると、武装放棄はさせるが降参した者を丁重に収容しなければならなかった。戦いとは別の大変なことであった様子が伝えられる。

高崎藩も天狗勢の投降に伴い収容を命じられ右往左往させられた。高崎藩では寺田五右衛門・菅谷団次郎が降参人の引き渡しについて収容場所を探している間、追討軍の役人からは度々催促があり、漸く明け六ツ時過ぎに受取り場所が見つかり、塩ケ崎村にて二百十二人を引き渡された。その後、湊の文武館においても引き渡しになり、寺田が出向き昼過ぎ八州取締木村鋳蔵・

徒士目付田中孝太郎・小人目付鈴木伊助が立ち会って二百五十人の名簿を以て引き渡しになった。田沼総括からの達しには四百人程とあったが、人数が増え都合四百六十二人にもなった。収容する側より降伏の人数が多い。降伏した天狗勢は大発勢が中心で過激派は少なく、追討軍からは賊軍と呼ばれるようになったが罪人になる意識は弱かったのではないか。粛々と降伏したと思われる。

　人数が多いので他藩へ振分けるべく交渉した結果、聞き入れられ関宿藩へ病人と付添の者都合三十人程を引き渡すことになる。引渡しは手間がかかり夜になるので病人は今晩のところは文武館に置くこととなった。病人を運ぶ人足がいない旨を申立、同所へ一先ず入れ置き、百人程を警衛しながら塩ケ崎村へ連行した。歩兵差図役和田勝太郎へも相談し、者頭松井清左衛門の配下四、五十人を文武館へ警衛として配置した。夜に入り四ツ時頃塩ケ崎村へ至り、同所長福寺に空き家があり割り振り入れた。翌朝病人受取りのため目付伊谷隼人が人足百五十人程引き連れ、関宿藩へ引き渡すべきところ、関宿藩の者が湊より夕刻になっても来ないので、同藩役人青木常之助と度々懸

文武館跡

け合う。幕府軍小人目付鈴木伊助からも催促するほどであった。佐倉藩では降参した者受取りに即刻出立したのに、関宿藩では度々の催促にも未だ湊より着かず、拠無く病人を残し三十人を引き渡した。幕府軍と諸藩による連合軍とはいえ連携の悪さが目立つ。

高崎藩も出立の手配が行き届かずに待機していると、幕府軍歩兵方小坂金之助・小人目付鈴木伊助が「この場所は敵地内にあるので何が起こるか計り難い、早々出立すべきである」旨聞かされた。途中の兵糧の手筈や雨具の用意もなく相談したところ、歩兵方にて雨具を千人程用意されたので五百人程を引き受け、また、兵糧の手筈も漸く出来たので、十一月二日出立と取極めた。ところが二日暁八ツ時頃に漸く揃ったが、以前から水戸藩郷方会所へ引合せておいた人馬が到着しないため、拠無く歩兵方差図役に頼み寺田が同道して半道程の所へ催促に出向き、漸く人馬が到着した。あらゆる面で手筈と連繋の不手際が露呈し、高崎藩が苦労した様子が残されている。

投降者を飛地銚子陣屋へ

引揚げに際し敵方の諸道具を現地に残る幕府軍の役人へ委ね、同所を朝五ツ時頃に出立。歩兵方差図役四人とその組の者百人及び預け人四百六十二人が高崎藩兵に続いて出発した。夏見村にて昼の兵糧を摂っていたところに、関八州木村鋳蔵から捕虜のうち飯田軍蔵（藤田小四郎と共に筑波勢中心人物）を引き渡すよう大隊長への達書を持参のうえ申し入れがあった。しかし、多人数につき飯田を判明することが難しいので鉾田村へ行ってから引き渡すことを伝え、兵糧場所の見立てを済ませてから人数を確認し、歩兵方へも連絡し繰り出す。

鉾田村へは夜五ツ時頃に到着し、予ねて申し合わせていた銚子表からの迎え船が着くまでの間、同村三光院が手広につき三ケ所へ降参人を入れ置き、歩兵方と高崎藩にて厳重に見廻り警衛した。翌三日早朝に着船したので、病人は後にして順次姓名を確かめながら乗船させる。飯田軍蔵外四人の者は関八州木村鋳蔵の宿舎へ召連れ引き渡す。

全員を乗船させたが夕景になり船にて兵糧を摂り灯をつけて出帆。歩兵方が鉾田村まで警衛し、五日昼八ツ時頃銚子表へ無事到着。潮ケ崎村から銚子表詰郡奉行が大小船から人数を改めながら、高崎藩にて預る者を法満寺（宝満寺か）・妙福寺・滅徳寺（威徳寺か）の三ケ寺へ留め入れる。役人立会のうえ見張場所を設けて厳重に取締り、十一月十三日非番の面々は一先ず陣屋内へ引き取った。下仁田戦争の僅か二日前であった。この記述により、高崎藩が常州の戦線に招集されたのは銚子領があったからではないかと推測される。

四、戦の裏で

夫役動員と兵糧調達

那珂湊周辺の村々は二カ月に及び両軍の戦いに巻き込まれた。農民たちは日常の農作業が出来ないだけでなく、大量の夫役をかけられ、宿所を提供させられた。追討軍総勢約九千五百人が農民方へ止宿し、滞在延べ人数にすると十万人を超すほどであった。各宿所で使われる薪炭、寝具、味噌など陣中生活で必要な品々は戦場の村々から調達された。さらに、天狗勢からの夫役動員と兵糧調達と同時に松平頼徳方からも人足動員の命令が出された。

稲の刈り取りが叶わないので郷蔵溜穀を食に充て、また、天狗勢から御用米を申付けられたときもこれを充てた。一旦は御免を願い出たのであるが、大いに立腹して村役人を呼びつけ「異議を申すなら村中を焼払い村人の首を斬る」と脅かされ、溜穀を十駄ほど送ったという。しかし、結局は天狗勢に村は放火され、銃弾が雨の如くに撃ちかかり、消火することも出来ず逃げる以外に手はなかった。

農地は次々と踏み荒らされ、家も陣所に明け渡さざるを得ず、その際の諸費用は満足にもらっていない。激戦となった部田野原付近の農民たちは、戦禍を避けるために家族を離れた村の親類などへ避難させ、自分たちも家を離れて豪を掘ってそこに隠れ住んだ。戦乱後は田畑を荒らされただけでなく農具を失い、物価が著しく急騰し農民は困窮した。片や尊王攘夷を唱え、方や賊徒追討を旗印にした戦いは、村人たちには泣くに泣けない騒ぎにしか過ぎなかった。

戦利品や殿様からの気遣い

『甲子筑波遣中日記』に正史には記録されないような記述が見られる。

鉾田村三光院での戦闘においては、生捕った賊徒は死罪にし、大小砲を数十挺、鎗二十本ほど、長持二棹、兵糧米約八十俵、天保銭四斗樽詰を十一樽、数多くの諸道具など軍の生活の関わる品々を分捕った。那珂湊の反射炉を占拠した際には、台場にあった大砲三挺、百目短筒二挺、その外ケベル銃、小銃、金物類など夥しい数を取り集め、水戸藩目付所出役へ書付を以て収めた。

一方、各方面からの慰労についても記述がみられる。江戸表の殿様から長々の出陣大義の御下知状と拝領品の使役として、側頭取原小兵衛（数鎗奉行席九十石）と側役神谷覚太郎（持鎗奉行席百十石神谷弥平長男・表小姓）が川俣村迄差し遣わされ「藩兵一同は有難く心得え忠勤を励むべく申し合わせた」と記されている。反射炉付近を制圧した日には、目付伊谷隼太が江戸表から帰り「殿様からの思召しにより隊長と番頭へ小袴料一両二分宛、その外の役人から徒士方まで金一両宛、小頭足軽まで三分宛拝領」。藩主が士気高揚や奮戦に対する慰労を行っていた。

水戸藩からも高崎藩へ陣中見舞いとして振舞酒三樽、塩鮭五尾、野菜物一駄が届けられ、様々な持ち込みのため混雑するほどであった。幕府軍総括田沼玄番頭からも、一日の砲戦では格別の働きぶりにつき、「かすていら（カステラ）」二箱と枝柿七百個が下賜され一同有難く頂戴した」と記されている。因みに寺田五右衛門が藩として弘道館の幕府本営及び水戸藩へお礼挨拶に出向いている。

第八章　下仁田戦争

天狗党が上州に入ってから下仁田で高崎藩と戦闘に及ぶまでの経緯については、各地の郷土史や研究者の記述があるが、いずれも天狗党側からみてである。元高崎藩士堀江不可止が著わした『小坂戦争記』をもとに辿ってみる。著者は戊辰戦争にも従軍、帝国陸軍の軍人である。自らが下仁田戦役に参戦し肌で感じたこと、同僚や関連した各地域の住民から聴取したことを素材に、戦役から十五年後という記憶がまだ生々しい時期に書き残した。極めて実態に近い記録と考えられる。この記録を中心に他の史料を加味し、できる限り原文に使われた言葉や表現を用いて両軍の行動と諸藩や住民の状況を追ってみる。

堀江不可止　帝国陸軍大佐　一九〇四年から歩兵第四十二連隊第六代連隊長
　一九〇五年日露戦争奉天会戦の沙汰子の戦闘にて戦死

一、衝突を避けながら

天狗党上州に入る

元治元甲子（一八六四）年秋七月（注、陰暦では七月は秋）水藩脱士（水戸藩脱藩者、以後天狗党と記す）が常野（常陸国・下野国）の戦に敗れるや、武田伊賀（耕雲斎）、田丸稲之衛門、藤田小四郎等が、見兵（その時点で残った兵士）千余人を率いて京師（京都）に至り、自分らの尊攘の旨意を訴えるため発った。京まで衝突を避けるために諸藩が手薄な例幣使道を進んだ。十一月十一日、上野国新田郡太田町（太田市）に至り、本営を金龍寺（大光院）に置き部下を近在に向かわせ金銭や食料を調達させた。この時になり武田等が例幣使道を遁逃することを聞き、常野追討軍総括の若年寄田沼玄番頭意尊から沿道の各藩に対し、それぞれの領地を守りながら天狗党を討伐せよとする命令を出された。自らも大軍を卒いて追躡することにした。

　武田等は太田町に駐軍し近傍の各藩がそれぞれの領境を守っていることを聞き、急ぎ武装を整え十三日木崎宿（同市新田木崎）へ、続いて境町（伊勢崎市境）に遣いを派遣し、同所を所領とする伊勢崎藩（酒井下野守一万石）の守兵に通行許可を求めた。伊勢崎藩士が固く幕命を陳述すると、使者はなおも通過を迫り将に鋒を交えんとす。伊勢崎藩兵は三百に足らずいえども、前橋藩の兵八百余人が駒形宿に出陣し、且つ五料関所を守っており、また、高崎藩兵も二百人が玉村宿に配されているので大いに力を得て今にも使者を斬らんばかりであった。

利根川を渡り本庄宿へ

　武田等はもとより例幣使道は通行が難しいと思いながらも使者を派遣したが、目論見通りには行かないことを想定し、この間隙に乗じて直ちに左へ道を転じて、世良田村（太田市世良田町）に向かい平塚村（伊勢崎市境平塚）へ出る。ここで村役に命じて大小船を出させ前を流れる大河利根川を渡ろうとした。村役人等は船がないと要求を断る。これは幕府から大小に拘わらず船を北岸（上州側）に置くことを禁じた命令により、ことごとく他岸（武州側）に集め天狗党の通行を阻むためであった。

天狗党は偵察を南岸の中瀬村（深谷市）に遣り、同所の警護として手計村（同市下手計）にいた岡部藩（阿部摂津守二万石余）の兵に対して辞を低くして渡船を乞うたが認められず。武田等は大いに憤慨し砲十を並べて威嚇し、泳ぎの達者な者を水中に入れて南岸の舟を奪取し、川を渡って向嶋（中瀬村の川岸）に陣を張った。

平塚村の役人等は天狗党が大砲を川岸に並べたのを見て大いに驚怖し、自村が戦場になることを恐れ、若い者を出して天狗勢の渡船を手助けした。しかし、天狗党は千人余もい

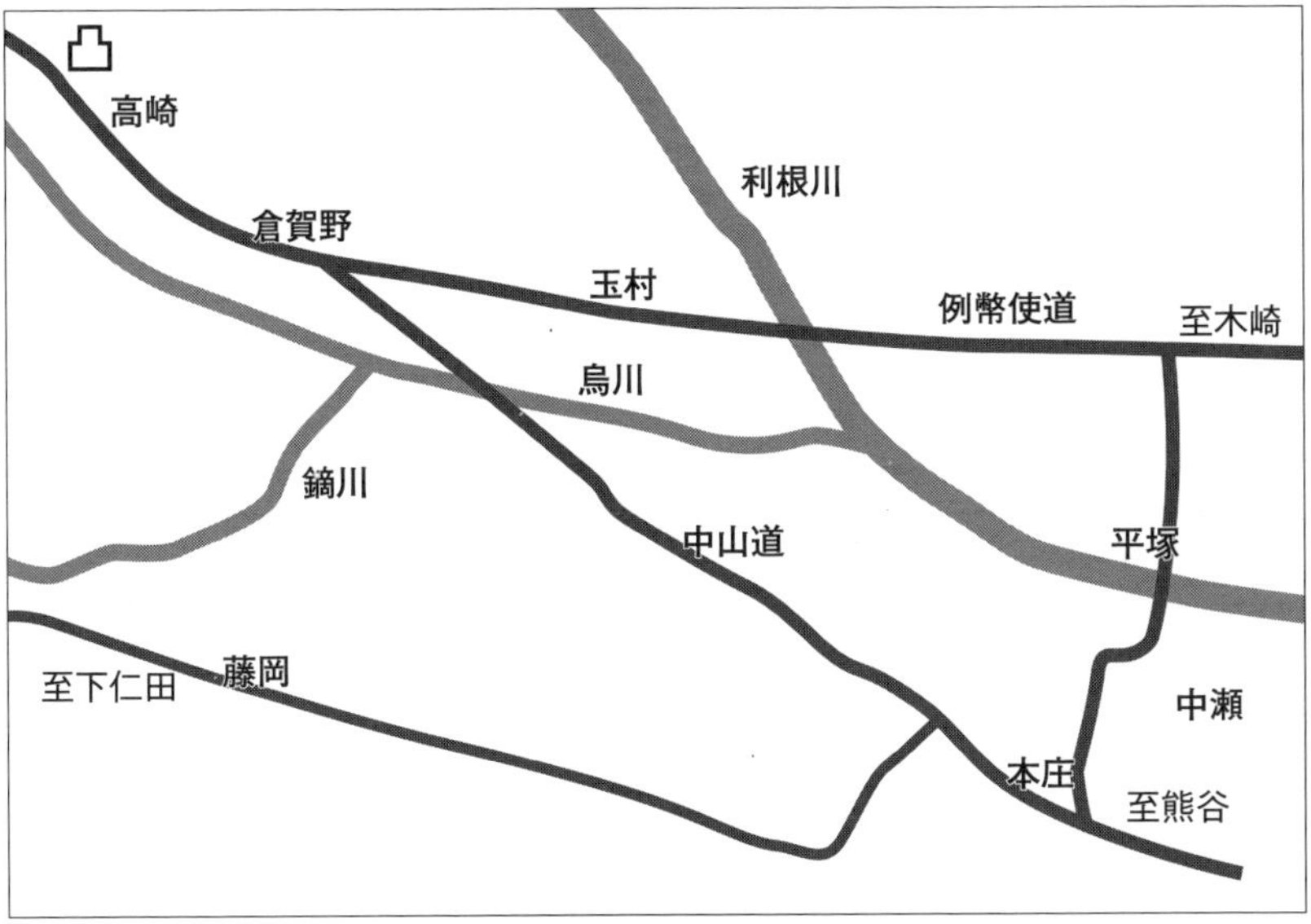

天狗党行軍図本庄

るうえ荷馬も百疋余もいたので大いに時間がかかり、十三日午後四時から十四日午前三時に至るまでかかった。武田等数名の将は向嶋不動堂で休憩し、周囲に篝火を焚いて勢威を示しながら、士卒を民家に宿泊させ、村端には哨兵を立たせた。

岡部藩兵は手計村において中瀬村を警護する任を負っていたが、兵は僅かに三百余にして、領内で急募の若い者の半数は武器銃砲が充分でなく、鋤・鍬・竹槍を携える者もいた。兵の勢いは弱く手計村と中瀬村の境に待機するだけで川岸に近づかず。忍藩（松平下総守十万石）が急を聞き、五百人余が中瀬村に馳せ参じたが戦闘には及ばず引き返している。武田等は兵士全員が渡るのを待ち、十四日鶏鳴に島村を通過し本庄宿に進み宿営す。偵察を新町宿に向かわせ密かに中山道の状況を探らせた。

高崎藩が玉村から新町へ

偵察兵が新町に至ったとたん幕府代官（岩鼻代官所）がこれを捕え、状況を近隣の各藩に急報した。玉村（佐波郡玉村町）にいた高崎藩兵は進軍変更の急報を受け

吉祥寺向島不動尊山門（深谷市中瀬）

て大いに驚き、直に角淵（玉村町角淵）の渡し場を越えて新町宿に至り、神流川を隔てて布陣、橋を撤去し、四斤砲（砲弾重量が4キロの野戦砲）三門を前面に構へ、鎗組をその後に配置し、旌旗を翻し、揚々として敵兵の来るのを待った。

　高崎藩兵は出陣するにあたり将士はそれぞれ甲冑を着け、弓矢を持ち、刀鎗を携え、その姿は元禄年間の武装と異ならず、大旗があり、馬標もあり、各人の小旗等はそれぞれの格に応じて備えていた。大砲は四斤砲四門、その外の八門は和製百匁砲（弾丸重量375グラム）、小銃は全て和製火縄銃で多くは三匁五分弾を用い、他各藩の兵器服装もみなこのようなので一々記述しない。

　天狗党は各地を流浪してきたので、甲冑を着けた者もいるが軽装で通常の旅人と違わない者もいた。武田以下の将たちは羅紗あるいはその他の生地の陣羽織を着て馬上にあり、護兵を従え、兵士の多くは和製の小銃を携へ、偶にゲベール銃（前装でライフリングがないが、射程距離は100メートル、燧石式のため命中精度は劣る）を持つ者がいた。当時の一般的な武器は刀鎗弓矢で、大砲は和製百匁砲四門を備えていたという。

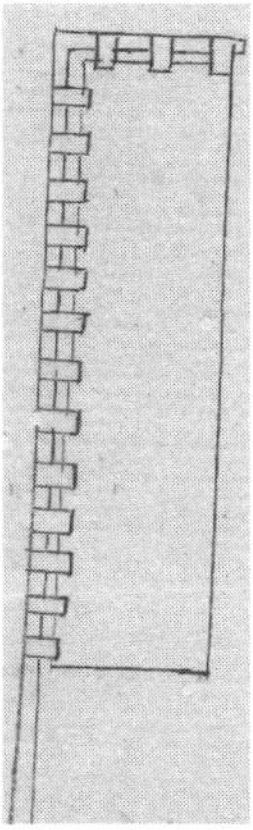
小旌

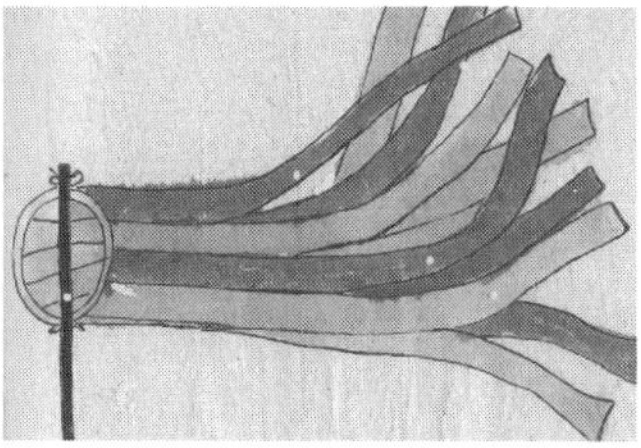
吹流

旗指物

二、天狗党が下仁田へ

下仁田道沿い諸藩の動揺

武田等は高崎藩兵が神流川に布陣していると聞き道を転じ、藤岡町（藤岡市）を通って吉井町（高崎市吉井町）に投宿し、急ぐあまりの徹夜行軍の危うさを避けた。吉井藩（松平右兵衛督、一万石で藩主は江戸定府）は天狗党が来ることを聞きあわて驚き狼狽して対応が分からず、藩士を集めて防守について協議した。しかし吉井にいる藩士は全てをまとめても百人に及ばないので、藩の老職が出向いて、天狗党の先鋒に「吉井に宿泊しないでほしい」旨を慇懃に説得したが、構わず宿割りを行われてしまった。ここに至り婦女子を遠方に避難させ、兵器を備えて城門を守り、ただ非常に備えるだけであった。

武田等は十五日早天出発し、富岡町（富岡市）に至り将に七日市町（富岡市七日市）を通過しようとしたとき、七日市藩（前田丹後守、一万石）の藩士が村の手前で応対し、天狗党に城下を通らず間道を経て一ノ宮町（富岡市一ノ宮）に至る道筋を教えた。七日市藩もまた小藩にして兵が少なく天狗党を討伐する力がないため、名分を維持するため城下を通ることを阻み、間道を進むよう仕向けたのである。武田等は七日市藩が街道を守っていることを聞き、嘲笑し「小藩が何か対応を考えているようだが、我々は敢えて戦をするものではない。ただ京師へ至らんとするだけである。通る道があるならば何も城下を通る道でなくてよい」そこで直ちに左に転じ高瀬村（富岡市高瀬）を経て一ノ宮町を過ぎ、その晩小坂坂峠（甘楽郡下仁田町）を越えて下仁田町（甘楽郡下仁田町）に投宿した。

高崎藩夜襲をせず

新町宿にあった高崎藩兵は天狗党が藤岡町へ道を転じたことを聞き、空しく発砲したのち、一旦倉賀野宿へ戻り、浅井隼馬が指揮をする二番手百五十人余と合流した。天狗党が吉井町に投宿したことを聞き、若い者等は夜襲をかけ敵兵を壊滅することを進言したので、将らは協議をしたが決まらず、協議を止めて藩老に書状を以て情勢を報告し指示を待つ。藩老の命令は大狗党を追跡することであった。

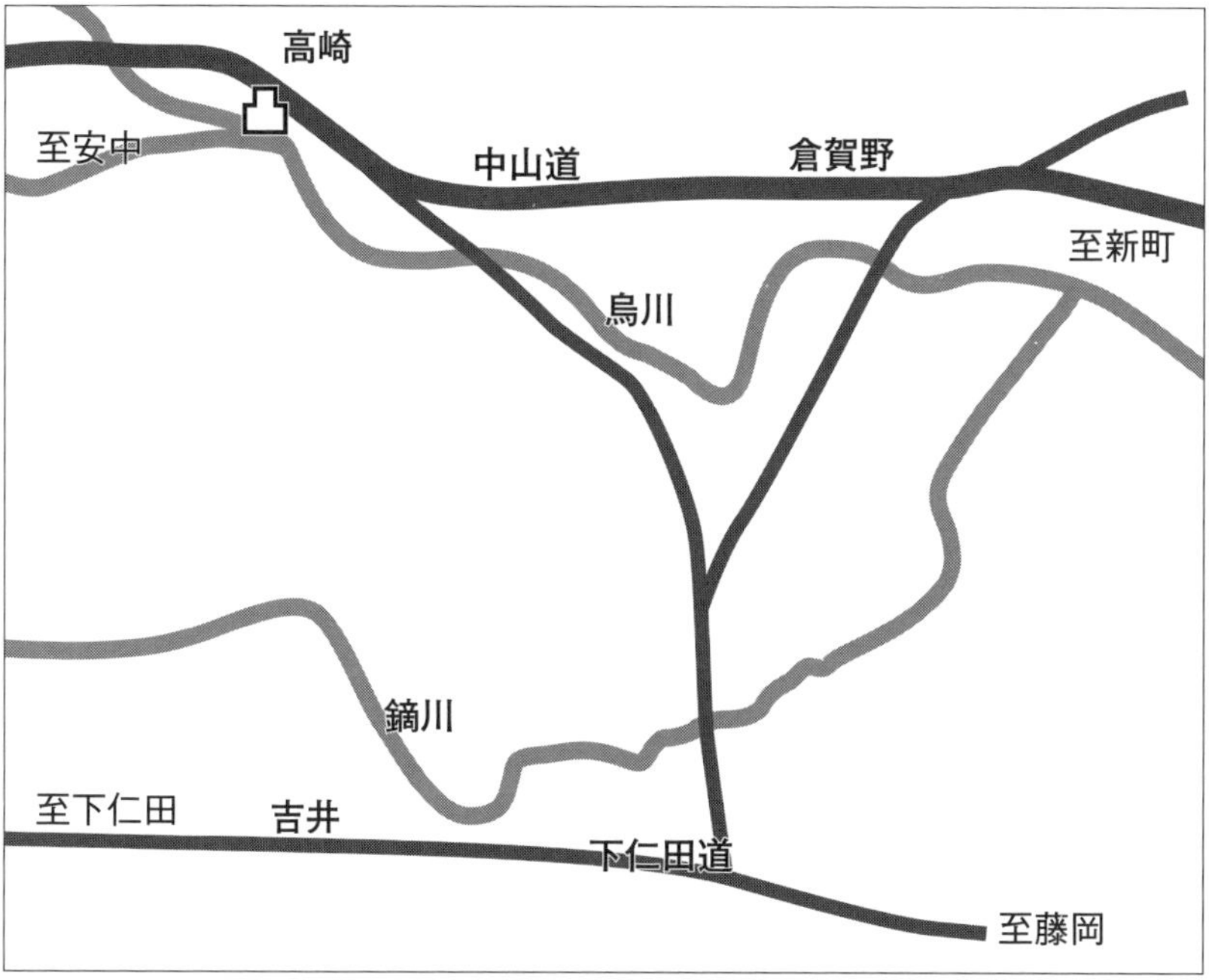

天狗党行軍図下仁田道

十五日黎明、高崎藩は意気盛んに道を山名村（高崎市山名町）にとり、七日市を経て一ノ宮で休憩する。小幡藩（甘楽郡甘楽町小幡、松平摂津守二万石）と七日市藩が合流して戦略を協議。高崎藩が自ら主力となり、七日市・小幡両藩の兵が先鋒となることを提案。

しかし、両藩は兵少なく武器も乏しいため先鋒を辞退した。そこで道案内を出し進路の先導を依頼した。小幡藩は地元につき地理に詳しいので、険しいながら小坂坂峠を進むことを約した。高崎藩は夜の行軍につき梅沢峠の間道を進むことを提案しこれに決まった。

［小坂坂峠を進むと高崎藩陣地の横にあたる熊野山に出る。高崎藩はここから天狗党の銃撃を受けることになるが、高崎藩が味方である小幡藩兵と思った背景にはこの約束があった］

藩の何某は五十歳にして非常に兵略に精通し、時には砲撃の指揮にもあった。軍議を聞いて、夜襲が極めて不可であるとのことに意見し、初陣の難しさと敵が地形を知らない状況を考慮すべきであると述べた。しかし将士は笑って聞かず、却って何某に対し怯え怖気づいたのかと。何某は引き下がって嘆いて曰く、「武勇に任せて兵法を知らず。自ら進んで屁理屈に陥り悲しむべきことなり。吾輩は再び何をか言わん。退いて身の安全を全うするより、寧ろ進で虎狼の口に死するのみである」

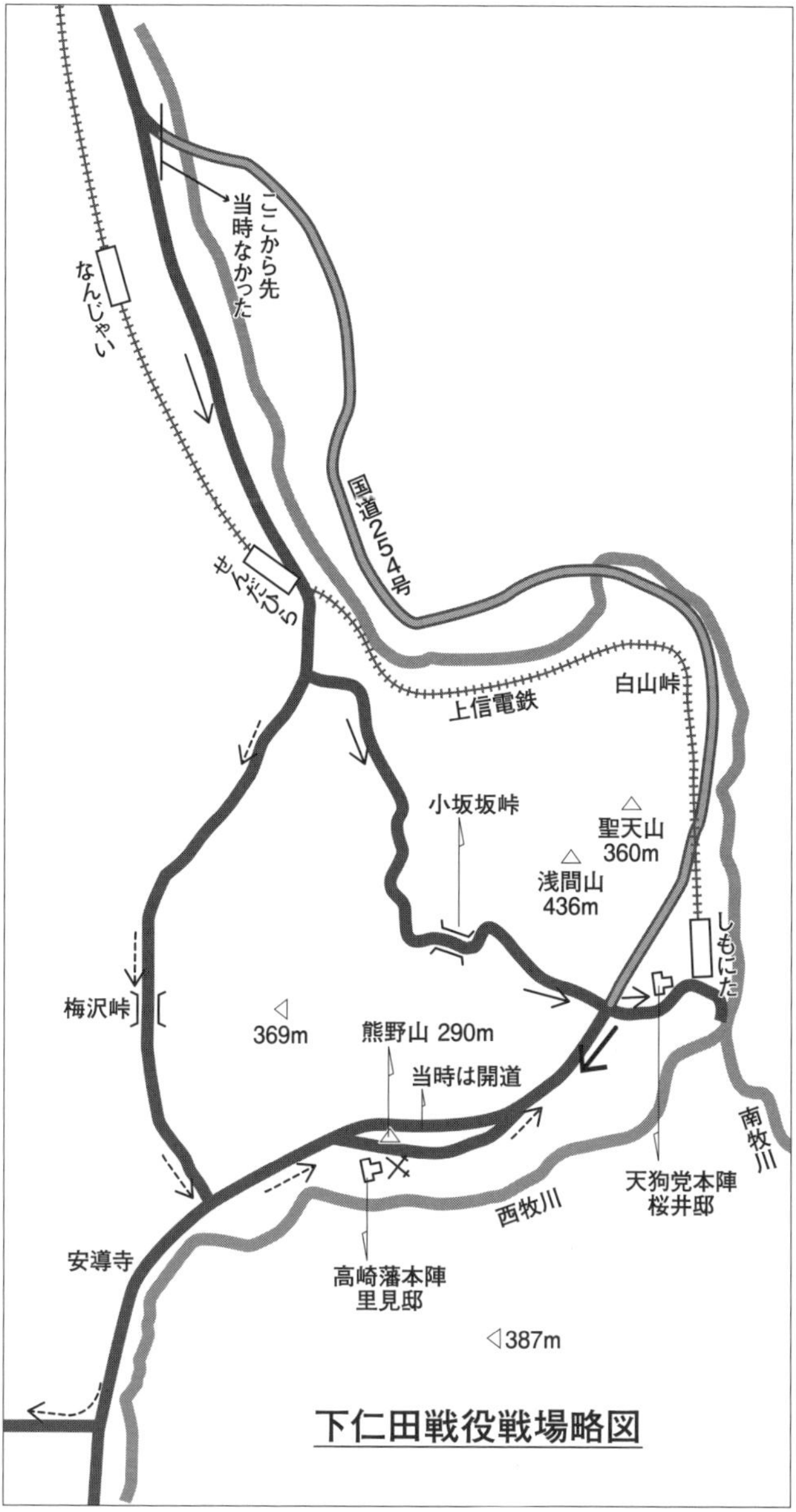

下仁田戦役戦場略図

両軍が下仁田へ入る

天狗党が下仁田へ入ると、既に高崎藩兵が下仁田に到着したのを見たとのことで、密かにその動静を探り武田等に報告した。武田等は予め戦端が開かれることを予測し、部下の将士に伝えた。まず先陣の兵を分割し、小坂坂峠に大砲一門と鉄砲隊三十人を、梅沢峠に大砲一門と鉄砲隊二十人を、白山峠に大砲一門と鉄砲隊三十人を配す。聖天山・同上弁天山・聖天山大崩の分遣に大砲一門と鉄砲隊二十人、天狗平大崩にも分遣、諸所に哨兵を置いた。又、番兵（鎗と鉄砲の士各二名）を前後左右の町の端に配置し、且つ、町民に対し騒擾しないよう命じた。名主桜井弥次右衛門邸を本陣とし、将士を町内の民家に宿泊させると共に、見張番を立て兵の巡視を行った。三々五々提灯を並べ、銃器を携帯した兵を巡回させ不測の事態に備えさせた。夜になると斥候から、騎馬が現れ、梅沢峠を越えて天狗党の本陣を襲うとの報告であった。武田等は部下に命令して斥候をその方面へ出す。

天狗党本陣の旧桜井邸（下仁田町）

　高崎藩兵は一ノ宮を発すると意気軒昂にしてこの一戦に天狗党を壊滅する勢いであった。梅沢峠に至って天狗党の哨兵に遭遇すると大声を出して兵器を奪い、長躯して山を下り小坂村（下仁田町下小坂）に出て陣営を整え、偵察を下仁田宿へ発すると共に本陣を下小坂の岩下に設営した。ここは下仁田から十丁ほど上った所で、甲州流兵法にて陣を敷き、第一列には鉄炮足軽、第二列には刀鎗と鉄砲の徒士を半々、第三列は上士が構えた。

三、短時間ながら激闘

緒戦は高崎優勢

大将会田孫之進が四斤の榴散弾大砲の発射を号令、一発が敵の先鋒を砕き、前線の兵士に順次進撃を命じた。ここに両軍の将士が必死に戦い、弓を放ち砲声は山に響いてあたかも百雷が崩れるが如く、刀と鋒を互いに交え刀鎗が軋むようであった。矢が雨のように降り懸り霧の如く弾丸が飛び交った。鮮血が流れて川のようになり死体が横たわり道を遮った。天狗党は大いに乱れ軍旗や大砲を捨て下仁田へ引き下がった。天狗党龍雄隊の隊長小林孝太郎は退く兵を叱咤し食い止めようとした。高崎軍一番手別手廻大嶋順次郎は鎗術の名人で、進んで小林孝太郎を追いその顔面を突き打ち取る。しかし鎗の柄留針が折れ遂にここで死す。

このとき大嶋の他に天狗党の先陣龍勇隊に切り込んだ二番手働武者の内藤儀八と国友辰三郎は「先陣の三勇士」と呼ばれる。内藤は高崎藩士のなかでも強者で知られた小野派一刀流の使い手であった。真先に敵本陣を目掛け、薙刀を振るって敵を切り払い、田丸稲之衛門の小姓野村丑之助を打ち取っている。内藤の直ぐ後を追って国友は十文字鎗を振るって切り込んだ。龍勇隊の井田因幡と渡りあったのをはじめ何人もの敵を斬り倒した。三人はいずれも全身に刀鎗により受けた傷が数カ所と鉄砲疵があり、三人の奮戦ぶりをはじめ先頭がぶつかった緒戦は高崎藩が優勢であった。

奇襲攻撃に高崎軍崩れる

この時武田伊賀、田丸稲之衛門等将士は本陣で談笑していたが、常時の如く戦闘状況を聞き次の戦略を指揮した。戦闘が佳境に至ると、部下に命じて陣太鼓を打たせ鬨の声を揚げ、幕僚の山国喜八郎は進んで曰く、「戦いが急展開しているが、未だ勝機は見えていない。性急に及ばず時間をかけよ」山国喜八郎は武田耕雲斎の股肱の士で頗る軍学に優れ知略に富み、天狗党の軍略は全てこの人物が執ったという。

高崎軍は下小坂村の名主里見邸に本陣を設け、天狗党が西上を目指して本宿方面へ進むのを止めるべく陣を張っていた。天狗党は太鼓に応じて戦闘に加わっていない兵三百

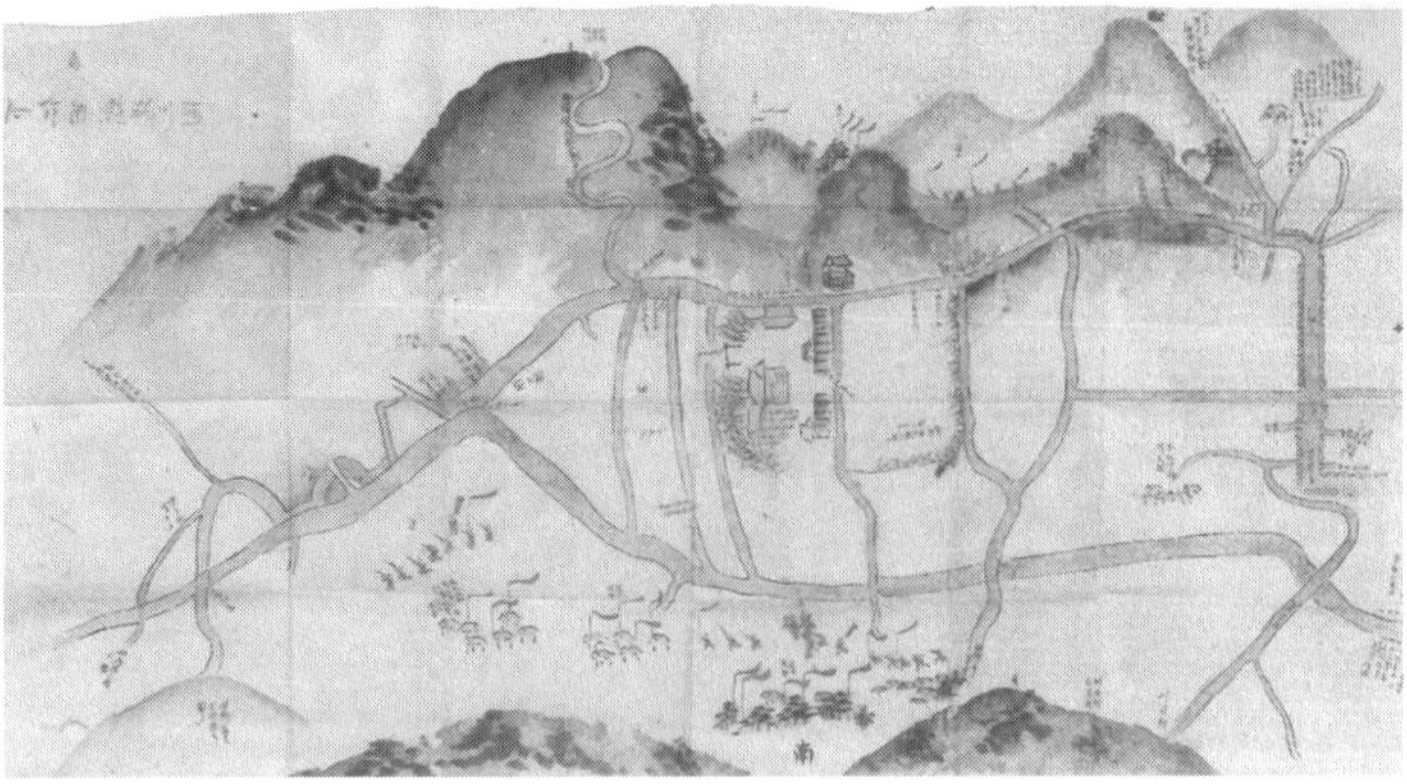

下仁田戦争古戦場図

人が本陣に集まった。一隊を右方面の伊勢山に出し、一隊を左方面の西牧川に沿って進軍させた。これにより開戦時に敗走した兵が反撃に転じて高崎藩兵の返撃にも屈せず。高崎は右翼の川岸からの矢を防ぎ、左翼の山側からの弾丸を防禦していたが、敵兵が我が軍の背後の熊野山に現れ本陣を狙撃した。熊野山には小幡藩が参陣する手筈としていたところ、突然銃弾が撃ち込まれた。そのうちの一発が、砲兵の指揮を執っていた一番手使番兼目付堤金之亟の兜を撃ち抜いた。これを受けて本陣前は混乱し、大砲に蓋をして弾薬を土蔵井戸の中へ棄て退却する。遂に戦線を支えることが適わなくなった。

二番隊が到着するも退却

高崎藩の二番手は、梅沢峠に到着すると砲声が山嶽に轟くのが聞こえ、駈けって戦場に参じ一番手に合流し奮戦する。しかし、勢いを盛り返すにはならず。間もなく敗れ共に上小坂村に退却した。脱士等は北上し安導寺に至る。

弾丸跡が残る里見家土蔵（下仁田町）

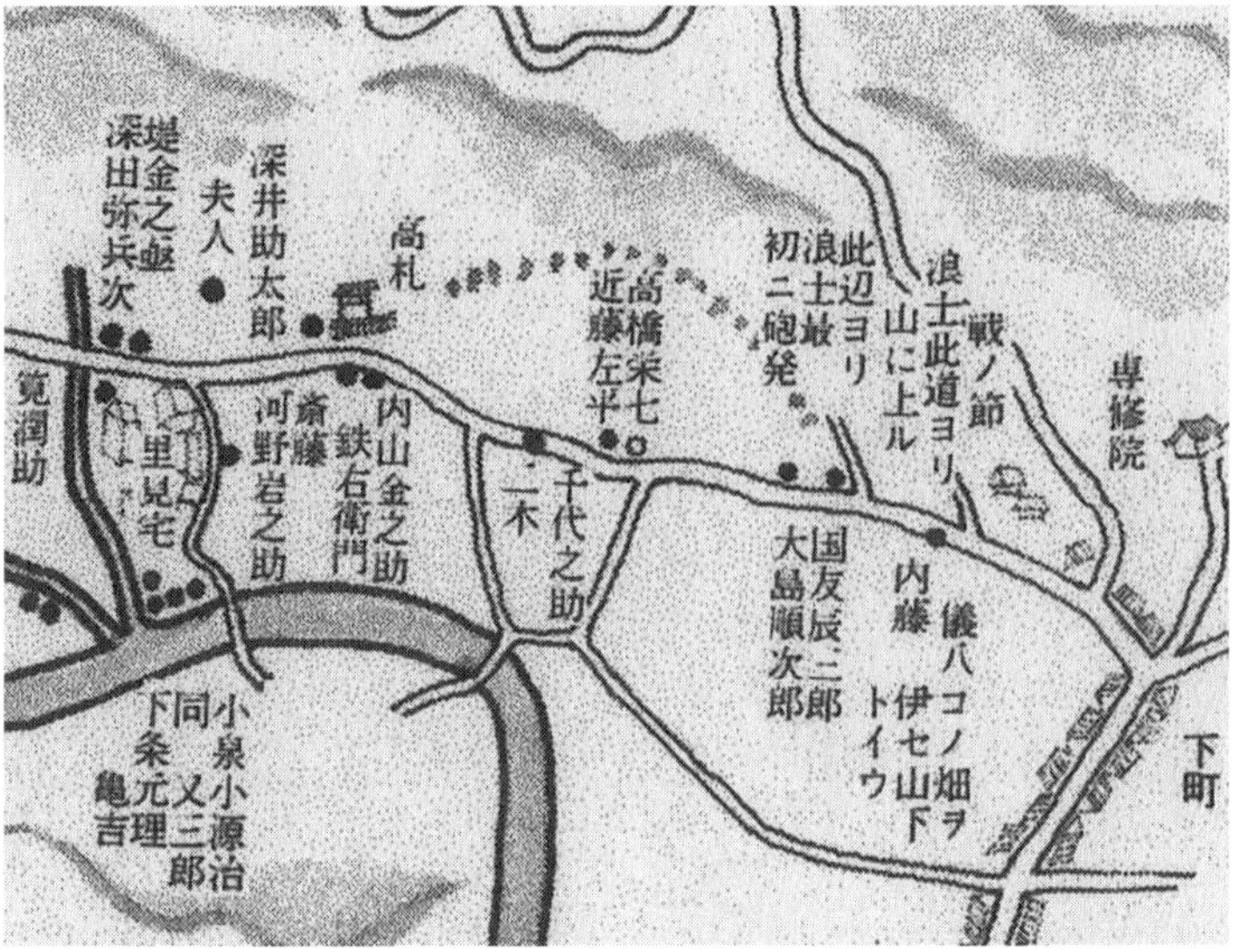

高崎藩士の戦死場所

高崎藩兵の殿が止まり、民家を楯に守り、敵兵を撃つ勢いは頗る激しかった。脱士等は大いに驚き民家に火を放ち高崎藩の反撃を防げず、兵を集めて下仁田に退いた。高崎藩兵も伏兵があることを恐れ、杉木峠（妙義町との境）を超えて中山道の松井田宿に出て高崎城に帰還する。

この戦闘は午前五時に始まり八時に終わった。僅か数時間であったが激烈で、連山四方を遮り昏霧が冥濛として、一寸先も見分けがつかない状況であった。高崎藩の戦死者三十余人、負傷者十三人（このうち二名は帰城の途中で死亡）。天狗党の死者は四人、負傷者は三十余人、実に近年にない未曾有の戦争であった。武田等は戦闘が終ると部下が打ち取った敵兵の首実検を行い、捕虜とした士卒三人を南牧川原にて斬首［人数はママ］。午後三時に下仁田を出発し熊野森に布陣していた猟師らの兵を退け、黄昏に本宿（下仁田町本宿）に宿泊、哨兵を四方に立て、偵察を下仁田に出し戦のあとに変事がないか探らせている。

信州へ脱走される

当初は小幡・七日市両藩は高崎藩と進撃することを約していた。しかし、両藩は躊躇し進軍しなかった。十六日の黎明になると小幡藩は小坂坂峠の険しい道を避け、馬山村（下仁田町馬山）方面に転じ、前田峠に布陣して白山峠の敵兵と対峙した。白山峠の天狗党は前田峠に旗幟が翻ると見ると突然大砲を一発放った。小幡藩兵は驚き神原村（富岡市神農原）へ退却し、七日市藩兵も同日の払暁に中沢村（富岡市中沢）に転じて敢えて進軍せず。砲響が大衍山（戦場の北部に位置）に響き渡ったので密かに偵察を三人、上小坂村に放った。同村の猟師を集めて防禦を図ったが、この偵察は直ぐに戻り再び来ることはなかった。このように両藩の兵はこの日の戦いに加わらなかった。高崎藩のみが苦戦の極に陥ったのである。幕府の代官（関東取締出役）中山誠一郎と杉本麟次郎等は天狗党が下仁田に入ったことを聞き、急ぎ本宿付近の猟師を募り熊野森において天狗党の進軍を阻止し火縄銃を乱発した。この戦で負傷者三名、天狗党も三人負傷した。短時間の戦闘であったが信州に敗走した。

武田等は十七日に西野牧村から内山峠を越え信州に入り、諏訪・松本両藩の兵と和田峠で戦闘に及び打ち破り、十二月遂に越前（福井県）に至って力尽き金沢藩に投降した。翌年四月、幕府の命令で越前の敦賀において斬首される。

下仁田戦役より前、幕府追討軍総括田沼玄番頭は自らが天狗党を追撃すると示達したがぐずぐずして直ちに追跡せず。また、追討命令を受けた新発田・忍・館林・川越藩なども追跡する構えを見せたが戦う意思は見せなかった。それぞれの地方に留まり遂に天狗党の上州、信州、美濃への逃走を許してしまった。

四、幕命の下りた他藩の状況

高崎藩と共に吉井・七日市・小幡・安中・前橋・館林・伊勢崎藩に天狗党の追悼命令が出された。田沼玄番頭からの命令が発せられたのは十一月十二日で、この日には天狗党は上州に入り太田宿を通り過ぎていた。十三日には伊勢崎藩士と衝突し、伊勢崎藩はこの示達に拠ったか判らないが天狗党の申し入れを押し返したため、天狗党は利根川を渡るべく例幣使道から迂回して行った。館林と伊勢崎には遅い命令であった。

また、吉井・七日市・小幡藩は一、二万石の小藩であり、藩としての体面を保つことに終始し追討の役は出来なかった。後世の記述では前橋藩とされているが、この時点の前橋は川越藩の飛地で陣屋支配である。示達が川越経由とすれば命令は手間取ったであろう。しかも藩主が天狗党に好意的であった。結局前橋は出陣せず。安中藩は三万石であったが碓氷関所を控えていることから出陣しなかった。

吉井藩　藩主松平（鷹司）左兵衛督信発　一万石の親藩

藩主の信発は美作津山藩五代松平（越前）康哉の四男維賢の三男に生まれ、当藩八代松平信任が死去したため家督を継いだ。諸外国の動向や藩政事情に精通し聡明との評であった。国論を攘夷に統一することを幕府へ進言し、日米修好通商条約締結には断固反対であった。一方で、攘夷論者の徳川斉昭に蟄居の命を伝える上使を務めている。皮肉なものであるがこの上使を務めたことが功績として恩賞に授けられている。実家は徳川家門の越前松平家であるが、家督を継いだ家は公卿の流れをくむ鷹司松平家であった。そのためか、慶応四年に徳川家との決別を示すため「松平」から「吉井」に姓を変えた。因みに信発が陣屋を矢田（高崎市吉井町矢田）から吉井に移したことにより、吉井藩となった。

吉井藩陣屋門（高崎市吉井町）

天狗党の進行に対し戦う意思ないことを表し、藩役人は宿泊場所を伝え見守るだけであった。一万石の吉井藩では陣屋詰め藩士は数十名程度であったであろう。その陣容では天狗党一千人を阻止することは出来ない。通過後の十八日に兵器を携えた脱走の者千人程が通り過ぎたと、次のように報告をしている。

「在所表の家来有合せ候分も殊の外少人数故、領分村々へ申し遣わし候。人数且江戸表の人数等も未だ到着以前、去る十五日朝六時半頃、脱走の者共兵器を携へ騎馬共凡千人程領分吉井宿より富岡宿の方へ罷り越し候旨、在所表の家来共より昨夜急便を以て申し越し候。此段取敢えず御届申上候」

小幡藩　藩主松平（奥平）摂津守忠恕　二万石の譜代藩

江戸幕府の初期から当藩の藩主であった織田家は、明和四年（一七六七）に起きた山県大弐事件で連座処分を受け、出羽高畠藩へ転封され、代りに奥平松平家が入封していた。文久二年に若年寄を務めた三代目忠恵から家督を継いだ忠恕は、寺社奉行に就いていたが天狗事件の最中元治元年六月に解任されている。幕府に対し距離を置いていたといわれる。

天狗党が進軍して来た時、藩士二名が吉井宿へ出向き「追討令があるので通行を見過ごせない」と伝えたところ、天狗党は「今まではどの藩も通過を見逃してくれた」と申し立てた。「重役と相談して返事する」と約して藩に戻ったが、「賊徒八百は最早領分福島町を通り七日市表へ向い、一ノ宮へ落ち行きたるので、間道を通って同所へ駆け付け候処、信州路へ向かった跡であった」そこで、「右京様（高崎藩）、丹後守（七日市藩）御人数と諸事打合せ追討の手筈を申合せ、同夜半過同所へ出張。右京様御人数が先陣にて馳向い、引続き摂津守（当藩）人数を出張させる途中、小坂坂峠並同所南の方白山道に屯集した」。実際は戦場に至っていない。

七日市藩　藩主前田丹後守利豁　一万石の外様藩

加賀藩祖前田利家の五男利孝が、人質として家康の元で育った経緯から初代藩主となったため、外様に分類されるが親藩のような立場であった。ただ、小藩であったため軍事力は弱小で、代々財政難であった。また、八代利見が二十三歳で死去した以降、前田家一族からの養子が藩主に就いたこともあり、天狗党通行当時の利豁も十七歳で養子家督相続のため、慶応二年に横尾鬼角らが幼君を擁立する陰謀に遭っている。

その用人横尾鬼角は、天狗党が七日市藩領に入ろうとした時、街道へ出向き城下通過は困るので間道を案内した。しかし、報告文では「賊徒は俄に道を替え嫡川を越し脇道より一之宮へ脱走した」と敵の意思で行動し、また、「処々に伏兵を置き、多勢に無勢であるが必死の覚悟で兵を配している」と如何にも追討に努めた報告となっている。ところが実態は、小幡藩と共に高崎藩と作

旧七日市藩邸（富岡市）

戦会議に臨んでいる。会議では、下仁田の地理に詳しい小幡・七日市両藩が先導して正面攻撃を仕掛け、一気に勝敗を決することを高崎藩が主張し、協議は難航した。結果、両藩は援護に廻ることとなった。参戦はしなかった。出来なかったと言うべきであろう。

安中藩　藩主板倉主計頭勝殿　城持三万石の譜代

下仁田での戦闘が終わった二日後の十一月十八日に幕府に次のように報告している。

「田沼玄蕃頭が、出先より常州脱走の賊徒追討について在所（安中）に書付による御達があった。十七日に御届申上げたところ、在所から早駆の者が只今到着したところ、十三日夜、賊徒は利根川下中瀬河岸を渡り中山道筋にて暴行の由、岩鼻御陣屋より早々に人数差立の命が手代の者よりあったので取敢えず一番手人数を差出した。高崎藩も出陣し直ちに高崎藩へ応援について申し出たところ、賊徒は既に吉井へ止宿につき高崎藩が同所へ追跡するとのこと。私共は（碓氷）御関所に近いため、松井田宿へ兵を差し向けた。十五日、賊徒は甘楽郡の小坂山というところへ陣を張りその人数凡そ七百人、何れも鎧を着し兵器を携えていると探索の者より報告があった。就いては御関所の警備があるので、直ちに松井田宿最寄の一之宮へ向かわせた。二番手人数を同時に御関所へ出陣させた。このこと取敢えずご報告申し上げる。なお、新たなことが届き次第早々ご報告申し上げる」

この報告は、天狗党が吉井から一ノ宮方面に向かったのは碓氷関所を避けていると判断するのが妥当で、偵察の報告でも天狗党は小坂山（下仁田の小坂坂峠のことであろう）に陣を張っているとのこと。参陣しなかった弁明に聞こえる。また、田沼からの命令が遅く、それを確認してからの行動では間に合わない。

川越藩（前橋藩）　藩主松平（結城）大和守直克　城持十七万石の親藩

藩主の松平直克は、この年の六月まで幕府政治総裁職にあったが、水戸藩尊攘派と同じく横浜を鎖港すべきとの考えを持っていた。天狗党の騒乱が派生すると、反乱鎮圧を先にする幕論に対し横浜鎖港の先行を主張し、加えて天狗党に対しては理解者であった。そのため将軍や水戸慶篤と意見が対立し政事総裁を罷免されている。川越藩士は先代からの家臣であり、先代は徳川家門の結城松平家であることから、徳川一門としての意識があったであろう。しかし、久留米藩出身の養子である藩主直克には徳川に殉ずる意識は希薄であったと思われる。

前橋松平家譜には「十一月十五日、是ヨリ先、常野追討軍総括田沼意尊、川越藩主松平直克ニ浪士武田正生等討伐ノ為ニ出兵ヲ命ズ。（中略）更ニ十八日正生等下仁田附近ニ屯集セルニヨリ、前橋下仁田方面ニ派兵ス」とある。上野国には当藩の主力の飛地あり前橋に陣屋が設けられていた。そのため他の上州諸藩と共に示達が出された。ただ、陣屋が管理している状態であったので、命令は手間取ったであろう。結果として出陣の支度だけで参陣しなかった。

五、高崎藩の陣容と戦争結果

百九十八人対九百二十五人

高崎藩は、主力藩士が常州へ出張していたため、高崎に残る兵力を三隊に編成し天狗党を追跡した。第一番手百九人の内訳は小頭武者会田孫之進を指揮官として次の通りである。者頭・目付兼徒士頭・使番・大砲差引方・兵粮方が各一人、働武者二十五人、大砲方十二人、徒士目付と徒士小頭各一人、甲士徒士四人、徒士十四人、足軽目付と足軽小頭各一人、先手足軽二十人、別手廻三人、以上戦闘要員は八十八人。他に付属の者が二十一人（医師一人、兵粮方付属三人、探索方三人、探索方付属二人、早乗注進一人、別手廻手附六人、飛脚足軽二人、別手廻手先三人）であった。

第二番手の八十九人は小頭武者浅井隼馬が率いた。者頭・目付・使番兼徒士頭・大砲差引方・兵粮方が各一人、働武者二十五人、大砲方十二人、徒士目付と徒士小頭各一人、甲士徒士四人、徒士十五人、足軽目付と足軽小頭各一人、先手足軽十九人、以上戦闘要員八十五人と、付属の者四人（医師一人、兵粮方付属二人、出願従軍医師一人）。

第三番手百三十三人は戦闘には間に合わなかったが、小頭武者深井八之亟以下、者頭兼徒士頭・目付兼使番が各一人、農兵頭二人、兵粮方一人、働武者二十五人、徒士目付と徒士小頭各一人、徒士十人、足軽目付と足軽小頭各一人、先手足軽二十人、兵粮方付属二人、飛脚足軽二人、農兵指図役四人と、農兵六十人で編成されていた。

戦闘状況は幕府へ報告

藩主名で月番老中阿部豊後守へ届け出た。要約すると「一昨十六日御届申上げた通り、脱走の賊徒が上野国へ立入り、田沼玄番頭が出張先より高崎表の家来共へ達しがあったので、即日人数を新町宿へ出張させ、最寄りの諸家へも手筈を申合せた。賊徒共は凡そ八百人程陣列をたて、高崎領分を除け中山道本庄宿より藤岡町、吉井、一ノ宮から下仁田へ押行き、初鳥屋を通り信州路へ逃走する形勢であったので、領分より七、八里を追跡した。十六日早天に賊徒が宿陣していた下仁田宿へ一番手を出撃させたところ、賊徒共も陣立て抵抗の向きにつき、大砲、小銃を配置し一番隊より砲戦を開始した。四度ほど交戦し合い五度目には賊徒共色をなしたように見えたが、計略が計り難かったので引き下がったところ、賊徒共大小砲を厳しく撃ち掛けてきた。当方も激戦に及び賊徒共死亡多数あり。当方も手負いの者出来、昼頃に双方共に引き暫く戦陣にあったが、先ず最寄へ人数繰り揚げた旨連絡があった。子細については取調の上改めて申し上げる」と。

その後十二月十日付で月番老中本多美濃守へ戦闘結果を届出た。「去月十八日阿部豊後守殿へお届けした常州脱走之賊徒と下仁田辺りに於いて砲戦が始まり鎗場血戦に至った。賊徒を追い崩したが山間狭隘の地につき、討留めたもの多数だが首級を揚げる暇もなかった。味方地形宜しくないうえ後援もなく、山道深入りし敵の謀計量り難いので引揚げ退いた。すると急に襲来を受け防衛したが家来共の内、別紙の通り討死手負いあり。賊徒共死骸を所々に隠したが他領につき取調追って在所表より御届申上げる」

戦死者は、戦場における討死が二十七人、負傷し動けずに捕縛され処刑された者が七人、帰路絶命した者が二人で、合計三十六人。（このうち非戦闘員が五人）負傷者は十一人であった。

大打撃を与えたが

天狗党側の戦死者について正確な数は不明であるが、先ず高崎藩が幕府に報告した数は三十四人であった。翌年一月二十八日に、高崎藩留守居役菅沼治兵衛名で月番老中本多美濃守への報告「敵兵三十四人を打ち取った。その内五人は下仁田にて戦死、七人は安導寺で戦死、重傷者二十二人は内山峠（信州との境）下に於いて手当中死亡、死体は同所にて焼却」とある。

また別の記録では八十人近くが戦死したと思われる。信州平賀村（佐久市平賀）名主定右衛門より「宿泊人数は八百四十五人、このうち手負の者十三人、極重手之者十八人」と報告があった。十一月十五日に下仁田に宿泊した者が九百二十五人であったから、八百四十五人を差し引くと八十人になる。天狗党は「浮浪之徒」と呼ばれるように、始終出入りがあったので正式人員は不明であるが、戦死者数からすると大打撃を与えたことになる。戦闘後に高崎藩は退却し、天狗党は逃げ戦場を離れた。互いに一割もの戦死者を出したが、戦闘的には引き分けであろう。しかし高崎藩としては逃走されてしまった。

第九章　下仁田戦争の評価

『下仁田戦争感想録』の著者旧高崎藩士石原応恒は諸言で次のように述べている。「我々の先輩は寡兵を以て優勢の敵に対し、粉骨砕身、勇猛果敢、国家のために能く武士の本分を尽くされた。衷心敬服して止まざるところ、その英霊に対し、後輩である自分が漫に批評を加えるが如きは甚だ恐縮次第である。ただ、今日我国の非常時において在郷軍人並に、青年訓練所の青少年諸君の修養上の参考にと思い敢えて草した。激戦の跡を偲び、以て他山の石とし、玉を磨く一助になれば本望の至り」と。

応恒がこの感想録を著したのは昭和九年である。戦争から七十年経っているが、戦闘の様子は戦後すぐに参戦した藩士から度々聴取し、当時の藩士らに敬意を払いつつも冷静に批評を記している。また、著者は軍人であることから戦闘に関する見解は一般人のそれより優れている。今日、現場に関わった人々の記録で残されたものは数少なく、高崎藩の戦闘に臨んだ事情（何故夜襲をかけなかったか、何故下仁田へ向かい、何故高崎藩単独で戦闘に及び、何故反撃を受け逃走され、お互いの後始末は如何であったかなど）について紐解いてみる。

石原応恒　一八四九～一九三六　陸軍少将・従四位勲二等功二級　一八七三年少尉
一九〇二年歩兵第十八連隊長　日露戦争では歩兵第十一旅団長
下仁田戦時は十五歳で定府（江戸詰め）。

一、夜襲を実施しなかったのか

吉井宿営時が好機

（倉賀野において）天狗党に夜襲するか否かを一番隊隊長会田孫之進と二番隊隊長浅井隼馬が協議し、意見が合わなかったのであるから、使番を高崎に走らせ城代に採決を仰ぐのが至当であるのに、これを為さなかった。遺憾至極である。

寡兵を以て衆兵を破ろうとすれば、奇兵を用いるしかない。殊に敵を山岳地方へ追及し下仁田付近で交戦するよりも、（高崎に近い）吉井付近の方が高崎藩にとって地の利がある。このことから推して勝算は吉井付近での戦闘に多くある。吉井付近は周囲が平坦にして開けており、障害としては鏑川があるのみで、高崎藩軍が宿営していた倉賀野から僅かに一里半余を隔てているだけである。殊に当夜は幸いにも月明かりがあり、行動には至って便利であった。

夜襲の方法としては、一隊は南方から、一隊は東方から、二面合撃することが出来、大いに有利である。襲撃が成功した場合、敵は殿によって我が軍を防止しながら本隊は急ぎ下仁田方面に向けて逃走するであろう。そこで、十六日黎明に高崎を出発予定の三番隊を一日繰り上げ、十五日払暁出発するにあたり甲冑を装着するには長時間を要する故に甲冑を着けず、観音山から山路を約三里経た富岡町の東方に急進させ、伏兵としてこの一隊をその地に潜ませ、退却して来る敵の側面から襲撃すれば勝算は我にある。

［実際は夜襲を行わなかった。地理に明るい土地での夜襲は圧倒的に高崎が有利。しかし、一番隊と二番隊の隊長の意見が合わなかった］

夜襲は善隣の好を失う

高崎城出発前には、近隣の諸藩と協同して、他領までも進入して賊徒を討伐せよとの命令であった。倉賀野に宿営していた際の我が軍の任務としては、夜半に城代から敵を追撃せよと言う簡単な命令が来たが実行できなかった。

吉井に宿営した敵を夜襲しなかったのは、両隊長の意見が合わなかったためであるが、その理由を聞くと、夜襲は吉井藩に対し善隣の親しみを失うとの意見が出て中止するに至ったという。この意見は武士道の見地からすれば当然のことではあるが、苟も戦陣に臨むにあたって、勝敗は国家の安危であり藩主の名誉に関することである。かかる場合は人道的の願慮を主とすることはない。殊に奇襲に当っては尚更のことである。夜襲においては、同士討ちを避けるため鉄砲の発射を禁ずるに因り、人民は戸外に出ないので鉄砲による危険の恐れはないと思う。

［浮浪之徒に対し夜襲をかけるとは武士の風上に置けない意識があったのだろうか。覇権を競う戦いや領地争いの戦ではなく、賊徒を取り押さえるにあたり夜襲は武士道に反するとの考えは美意識に映るが、戦いに挑む姿勢としては理解できない行動であった。また吉井は家門の

鷹司松平家御領所につき遠慮したとも言われるが、討伐の幕命より忖度する時代だった」

二、三番隊を待たなかったのか

来着後に側面攻撃すべき

近隣の諸藩とはいえ前橋や安中藩は出陣の見込みはなく、小幡と七日市の二藩は合同したが敢えて頼むには足らず、我が三番隊が最も有力な援軍である。兵員も百三十人余りであるから、これが参戦すれば三百人余りとなり、必ずしも勝算無きにあらず。こうなった場合の作戦は、三番隊が来着するまで決戦を避け、待機陣地にて持久戦に持ち込むのが至当であると信じる。この決心に基づき梅沢峠付近で敵に対して側面となる陣地を選び、皆銃を取り火力を以て戦闘を交えれば、敵はこれをやり過ごして信州路へ進入することはできない。必ず攻撃して来るであろう。しばらく三番隊が到着するまでこの陣地を保持し、敵が退却の色あれば、機を逸することなく攻撃に転ずる等、臨機応変の行動に出で、なるべく長く敵を引き付け、決戦を行はずして敵を苦しめ、友軍が参加すれば攻勢に転じ、敵の後尾より追撃を行い、与えうる限りの損害を与えれば、我が任務に対し全勝を得るに至らなくても相当の効果あるものと信ず。

「高崎藩に課せられた使命は戦闘により敵を殲滅することではない。西上を目指して逃げようとする多人数を、寡兵を以って食い止め降参させることで極めて難しいことであった。天狗党は戦闘に勝つことでなく、穏便に逃げることが目的であった」

急行し陣地を整えよ

孫子曰く「兵者詭道也（兵はきどうなり）」と、この格言は古今を通じて変化なし。元来戦士は真面目に奮闘するのが本義であるが、戦陣に臨みては詭道の一言はまさに味わうべき至言である。

また、自分の計算によれば、三番隊が甲冑を廃止し未明即ち三時に高崎を発するものとし、山路を経て一ノ宮に出て戦地へ急行すれば、道程は約六里であるから遅くとも午前九時までに到着することが出来る。この隊が甲冑を着け普通の速力で行進したのでは十時までに到着できるか疑問である。自分が指揮する隊長の果断により、甲冑装填を止めれば急行軍を行うも、戦場に到着後なお戦闘に堪え得る余力あるものと信ずる。これ等は何れも戦術上肝要なる研究課題である。

また、待機陣地により持久戦闘を行うには知識の最善を尽くし、午前九時までは是非とも踏ん張らねばならぬ。これについては如何にすれば可能になるかは、又大いに研究を要する点であるが、まず現地について地形を見渡し、防御陣地の位置を定め、余裕あれば樹木を伐採して射界を拡大し、敵の近接を阻止するため、伐採の樹木を敵地前に配列して鹿砦となし、以て陣地を堅固にする。この工事に鎗持や若党等を使役として集めれば約百名に達する。彼らは各々帯刀しているのでこれを利用して伐木することが出来、これにより防御力十分になるとは思えないが、この際にはこれ以上の名案はない。

この陣地は背後に迂回される恐れがあるので、北方面の防御には我が指揮のもとに小幡、七日市の二藩を充てるのが適当である。一ノ宮軍議の際に、下仁田の敵に対し梅沢峠付近に待機陣地を占め友軍の来着を待って攻撃に転ずる。

［天狗勢の規模は把握出来ていた。当方より圧倒的に多人数であることを知りながら、奇兵を採らず大軍の如く行く手を阻む陣形を採った］

三、高崎軍の組織・武装は十分であったか

全軍指揮官が不在

両隊が合流した時点で高級古参者が責任を以て指揮者となることが昨今の我が陸軍の決まりであるが、下仁田戦役では二隊長の協議によって事を決行していたように見る。即ち、吉井の夜襲の議は意見が合わなかったと言うが、統一の指揮者がいなかった結果ではないか。元来高崎藩においても番頭の指揮する二隊以上の場合は、老臣が士大将となって指揮を執る筈になっ

ている。しかし、この役ではこの措置が執られなかった。老臣長坂忠恕が主君の命によって上府中のためこの役割が果たせなかった。とはいえ城代が城を明けて出馬することも出来ず、士大将を欠いたことは甚だ遺憾であった。当時老臣は合計五名であったと思われる。そのうち二名は在府、一名は水戸方面へ、他の一名は城代であり老臣の欠員はやむを得ないものである。

そうであれば二人の指揮官のうち古参の者が指揮権を執れば責任者が明瞭となるが、この役の敗北の責任は誰であったかは当時確定しなかったようである。野州出陣のときも老臣が指揮する二隊であったが、藩主が出馬すべきところ幼年のため城中に残られたので、二老臣のうち誰が指揮権を有していたか明らかでない。このように指揮権が判然としていなかったことは万事において都合よくなかった。

不慣れな甲冑着用

この役が甲冑を実戦に用いた日本で最後の戦いであったと言われる。

野州出兵の際には敵情に応じて甲冑着用を要しなかったので、士大将以下使役以上の甲冑は具足櫃のまま、戦士以下の分（藩に備え付けの胴巻き）は長持に収容して、銃器と共に行列の後方へ従えたが一回も着用せず帰還している。那珂湊出征の際には甲冑の不便を

大河内家家紋浮線蝶付胴巻

感じ、具足中必要の分のみ携行した。遠方への出兵であったこともあるが。
しかし、下仁田においては最初から状況が切迫していたため出発の際から着用したのである。この様な危急存亡の場合、勇戦奮闘の決心を固め、大いに志気を鼓舞しなくてはならぬ所から、老臣の考慮によって甲冑に身を固めさせたものと察せられる。ただ、長年の泰平で甲冑は武庫に格納し、俄かに揃えて各人に配当するにあたり、大小の不具合もあり、破損もあり、着るまでには非常に時間を費やしたものと思われる。各隊の出兵が遅延したのは無理からぬことであった。また、五十石以上の藩士は自分で具足を着用する規定であった。

兵器の破壊力と戦闘方法

この役に使用した兵器は、大砲は洋式の山砲（丸弾）四門及び和式三百匁砲二門。敵は水戸方面では大砲を十五門有していたが、この役では八門とあり、彼我大差はなかった。小銃はゲベル銃（ゲベール銃）を持ってはいたが、我が軍は悉く火縄銃であった。足軽と徒士は共に三匁五分銃を持ち、戦士は七匁五分銃と鑓を所持した。

［洋式山砲と和式三百匁砲では弾丸の差が四対一と大きいが操作の差は余りない。また、ゲベール銃も火縄銃も前装式でライフリングされてないため射程距離は短い。それでもゲベール銃は有効射程距離が２００ｍ、火縄銃は50ｍ程度で、かつ、照尺の装置がなく手加減で狙いを

定めたため命中は確実でなかった」

　鎗を使用するときは銃を鎗持に持たす等、場面によって使い分けたが、今日想像すれば不便極まりない武器の使用であった。藩士の使用した鎗は概ね十文字鎗で、流儀は宝蔵院流で藩士の最も得意とする武器でかなりの達人が多かった（別手廻方大嶋順次郎は敵を仕留めている）。

　以上の事から、全軍を指揮する者がいないのは部隊の躰をなしていなかったと言わざるを得ない。逃走する天狗党を追跡するという緊急事態に、着用に手間取る甲冑を着けずに出陣すれば第二、第三部隊もいち早く第一部隊に合流できたであろう。また、火縄銃による確実な殺傷は期待できないのであるから、得意な鎗によって奇襲するべきであった。

火縄銃

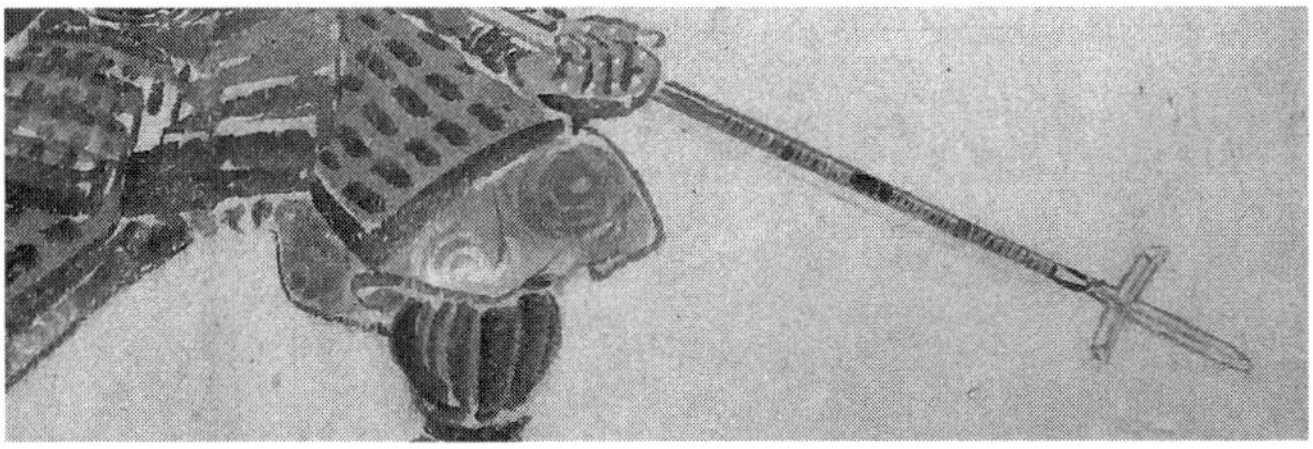

十文字鎗

四、両軍の戦術はどうであったか

拠点となる地形を考えず

陣地には攻防共に大概拠点となるものがなければならない。下仁田における高崎隊にあっては陣営（名主里見邸）の左側に接した岩下の上の山であった。ここを先着の足軽隊をして占領させることが必要であった。然るにこの要点を全く放棄したため却って敵に占拠され、この山上から眼下に見下ろしつつ我が陣地を射撃するに至った。（熊野山の通称「狙いの松」から堤金之亟が狙い打たれたと伝わる）我が藩士は全力を尽くし勇敢に奮闘するも、拠点を敵に占められてからは陣地を支えられず早くも勝敗を分けるところとなった。もし、拠点を敵に先んじて我が軍が占領していたならば、斯くも脆く敗れることはなかったであろう。この様に見易い地形でありながら地の利の判断がつかなかったことは誠に残念至極であった。平素から地形応用の操練など行わなかったためである。いずれの藩でも概ね同様であった。然るに水戸藩だけは烈公が屢々野外に大兵を集め、かかる訓練を行い幕府の嫌疑を受けるほどであった。

誤った戦闘体制と意識

寡兵を以て優勢な敵の進路を遮断したことは余りにも大胆過ぎる戦術であった。元来寡兵を以て大兵を撃たんとする場合は、側面又は後方から敵の不意を突いた攻撃をすれば勝算もあり

下仁田里見邸

下仁田古戦場

うる。ところが小坂村で敵の進路を真っ向から遮断したのは、幕下の小角力が憶面もなく横綱大関に正面から向かって忽ち一蹴されるのに等しく、将に自ら死地に陥ったといっても過言でない。

＊下仁田道は脇往還で道幅は二間と狭いので、戦力が一対五の劣勢でも戦闘が正面衝突であれば十分戦える。しかし、寡兵の場合は側面から攻撃するのが常道の戦法であろう。激闘となった岩下から少し北に行くと百人以上の兵が東側面に待機できる。西側面は西牧川が遮っている。

戦闘は勇気のみでは勝てるものではなく、智謀と訓練が必要なことは言うまでもない。我が藩士は数倍の敵をものともせず勇猛果敢に奮闘したことは、真に武士道の誉れであって大いに敬服するところである。しかし、一隊を率いる将帥としては、敵情や地形を知察し、あるいは敵を偽り欺き、窮地へ陥れ秘術を尽くして任務の達成と勝利の獲得に努めなければならないが、これらの実施には至らなかった。このような姿勢は当藩に限らず泰平の余波の致すところである。

巧みな天狗党の三面攻撃

敵の一隊は本道東方の山手に、他の一隊は本道西方の西牧川に沿った小村落に、そしてもう一隊が我が正面に向かう三面合撃の体制をとった。正面の隊と撃ち合い突き合いが行われた。すると東方の山上へ迂回した敵の一隊が、我が陣地（岩下の里見邸前）左側前方の山に進出し射撃を開始した。この地点は我が陣地の要点であるにも拘わらず、一兵も出さず全く要点を放棄していた。初め我が兵は小幡藩が約束を守りここに来たものと思い、敵の一部隊とは思わなかった。距離が近く銃の命中は確実、我が兵の損害は頗る多く、忽ち混乱に陥り隊伍は動揺を来たした。ここにおいて隊長は戦勢の不利であることを察し、一先ず退却を命じた。

［東側熊野山からの攻撃は、味方と思ったところを突かれたので混乱に陥ったのは当然である。しかし、西側からの攻撃も予想外の巧みな攻撃であった。戦闘開始時に戦場が見渡せるとき、西牧川を渡って攻撃することは足元が悪く不利であるが、戦闘が荒れ始めてから予想外に攻撃すれば、相手は不意を突かれた状況となり効果的であった］

五、幕府軍は援軍とならず

幕府討伐軍の司令官である総括田沼玄番頭が何れの地から命令を下していたか不明である。伝え聞いたことによれば、田沼は敵軍より概ね一日行程位隔てて宿陣し、そこから飛脚を以て諸方へ命令を下し、密偵を出して敵情を捜索し、各藩の行動に注意していたと言うが、その居場所は常に秘密であった。各藩に示達が発信されたが、田沼の居場所が分からないので言いっ放し状態であった。

高崎藩への命令下達の文に、「若し賊徒押し来り候節手余り候ハば、高崎宿に歩兵隊宿陣致候間援兵可申遣」とある。この通達から考えればこの隊は田沼の護衛兵、或は一、二中隊位のものであろう。この隊は敵より離隔していたことは確実である。即ち田沼はこの歩兵隊の蔭に潜んでいたものと思われる。つまり、高崎藩隊の援軍として参戦させる意思はなかったのである。

元来指揮官は戦場近く進み、手元の歩兵隊を以て藩兵を援助し、その行動を監督したならば、各藩の士気も大いに振るい連繋上の便宜をも獲得したであろうに、田沼はこれらの点を欠いていた。真に如何であったと思う。

第十章　戦死者と慰霊

一、戦没者銘々伝

下仁田での天狗党との戦いは高崎藩にとっては江戸時代最大の出来事であった。三代将軍家光の実弟駿河大納言事件、藩主の松平（大河内）輝貞が将軍綱吉と吉宗の、間部詮房が将軍家宣と家継の側用人としての話題や、松平（大河内）輝高が老中筆頭として幕政を仕切ったが、下仁田戦争がなかったら全国三百藩の中でも余り特徴のない藩として扱われたであろう。

その下仁田での戦闘は後世の者から見れば空しさを覚える。幕命を受けたとはいえ高崎藩単独で戦闘に及んだことは〝貧乏くじ〟と揶揄され、十分な体制と戦略戦術を用いずに敗れ逃走を許してしまった。一方で、多勢に対し無勢が用いるべき戦略と言われる詭道を採らず勝利を逸したが、戦士らは戦場で死ぬことを本望とし、日頃鍛錬した武術を発揮して真っ向から戦い、夜襲を仕掛けるのは良しとせず武士道を規範に臨んだ。戦士は敗者の美学と称えられている。

戦闘の翌日十一月十七日、二番手者頭中澤岡右衛門宗照と目付遊佐六郎左衛門成章が、足軽二十人を率いて戦地に赴き、戦後の状況、戦死者の疵個所等を点検した。同時に、兵粮方飯野金八元俊が死体を柩に納めさせ、後に親族に引き渡した。

高崎の参戦した三百余人の多くは生きて帰還したので戦況を知る者が多く、また、記録を残し、戦没者個別の状況が伝えられた。また、明治よりわずか四年前の出来事で書付等も数多く残り、遺族から聞き取りすることも出来た。加えて従軍した深井景員の娘婿水原恕洗が戦没者について「勇士像」を残したことにより、目に見える形で戦没者の状況を知ることが出来る。「勇士像」は、戦没者を慰霊するために造られた戦死者木像を、極力真に近いものにするために画かれ、木像完成後も貴重な史料のため画像を残すこととなり、絵巻物三巻に装丁され、高崎藩主大河内氏の遠祖源頼政を祭神とする頼政神社に奉納され今日に伝えられている。

作者の水原徳門恕洗は武州岡部藩士水原徳之の長子として明治十一年に生れ、高崎藩士深井景員の次女と結婚した。高崎藩士長宮善蔵次之から天真正伝香取神道流抜刀術の皆伝を受け道場を構えていた。剣術の傍ら、曽祖父源十郎徳孝に指導を受けた書画を業としていた。源十郎は上州草津温泉の湯本氏の出、草津の宮崎文右衛門徳隠の養子となり、江戸の帰途水原氏の客となった縁で娘婿となった。文右衛門は竹坡と号し、谷文晁門下の大西圭斎に画を学び、渡辺崋山と交わり椿山に従って花鳥画を学んだ。

以下に、戦死者の奮戦ぶりと藩命を全うした姿を伝えるため、銘々について肖像画と共に記録する。

堤金之亟克寛　第一番手使番兼目付　行年四十二歳
戒名　曙光院圓譽智覚居士
墓は通町・願行院大信寺
藩の役職は目付　禄は十五人扶持
家老堤新五左衛門藤原順美の次男
疵状況　額左鉄砲疵一ケ所

安政二年（一八五五）に藩から選ばれて講武所砲術師範役勝海舟に新式砲兵術を学ぶ。このこともあってか、本陣前では大砲方を指揮していた。本陣東側熊野山の崖に現れた敵は、着用していた紺絲威の格式ある甲冑の様子から大将と見て、旭日に輝いていた六十四間筋兜の鍬形を狙い発射した。その銃弾を左こめかみに受け、もはやこれまでと傍らにいた二番手者頭で甥の深井藤弥に介錯させた。銃弾痕と血痕の付着した兜と血痕の着いた旗指物が遺品として伝わっている。長男寛敏は教師を経て茂木銀行に勤務。次男辰二は高崎小学校校長や高崎幼稚園園長を務めた。克寛が出陣した時に妻が懐妊していた長女きよは、木暮武太夫（伊香保温泉木暮旅館二十四代当主・衆議院議員）との「契約結婚」で知られる。

浅井新六貞如　第二番手使番徒士頭　行年四十八歳

戒名　忠貞院宗儀創勇居士

墓は若松町・高崎山龍広寺

藩の役職は馬廻格　禄は十人扶持

疵状況　上半身焼け焦げ疵所不明

馬廻格六十石朝岡八十之助重民の次男。浅井新五郎藤原貞邦の養継嗣となる。浅井家は近江国浅井の流れを汲み、長坂・堤・深井家などと共に松平信綱公に仕えた家柄で代々家老ほか藩の重役を務める者を多数輩出している。

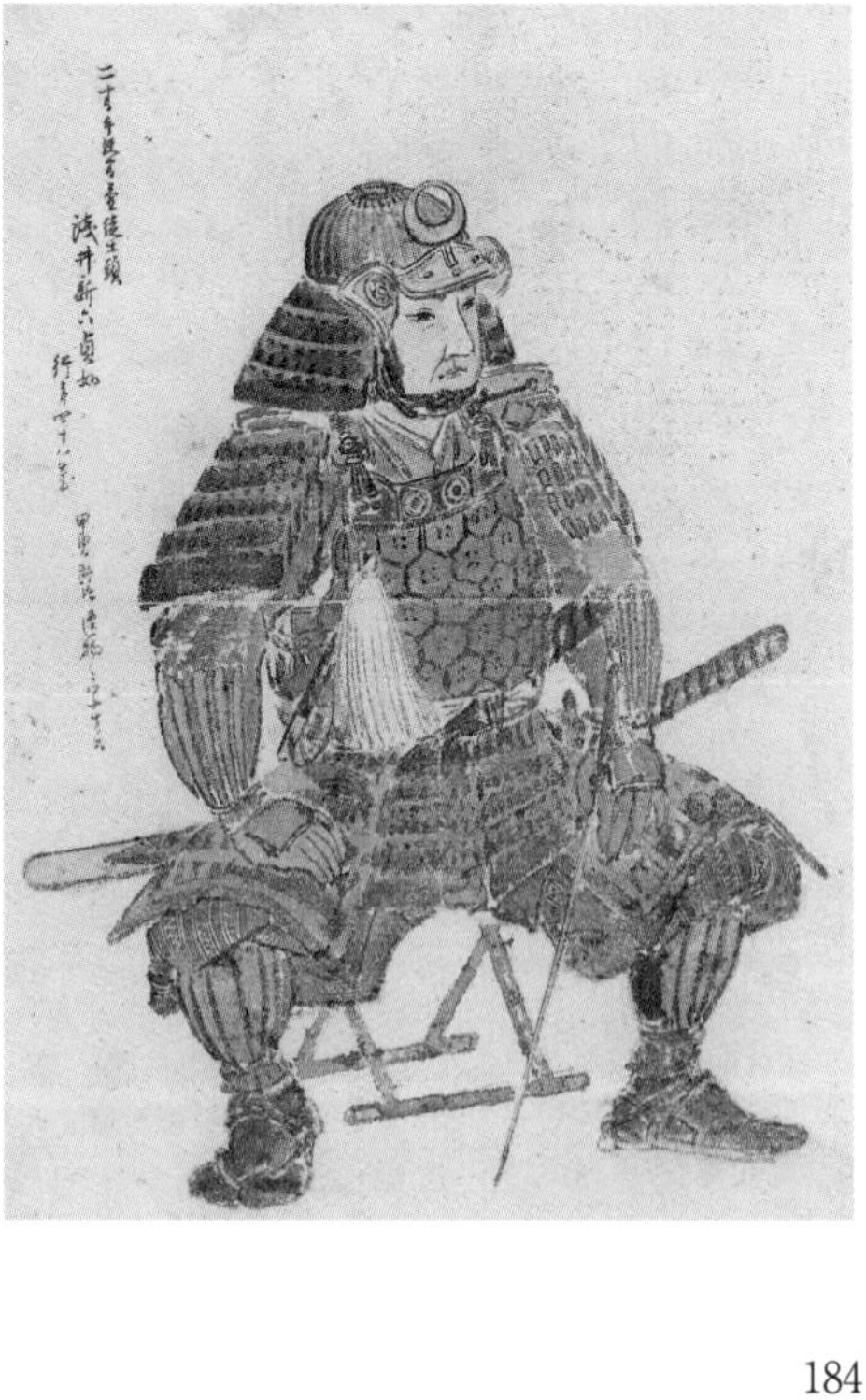

新六の属する二番手が岩下で合流した時点で、天狗党の三面攻撃を受けて圧倒され退却。追撃してきた浪士三十人余りに対し安導寺にて踏みとどまり応戦し、一進一退の攻防が始まった。そこへ対岸から新手が銃撃しながら攻め込んできたので、やむを得ず民家を楯に防戦した。しかしながら放火され抵抗したが及ばず討死した。

養孫の継世は高崎北小学校校長を務めた。また、戦死者遺族会総代に就任している。

岩上主鈴俊峰　第二番手大砲差手方　行年三十五歳

戒名　一成院功山立勲居士
墓は九蔵町・青龍山大雲寺
藩の役職　馬廻格　禄は六十石
疵状況　上半身焼け焦げ疵所不明
岩上家は右京大夫家初代信興公の代に仕官し、俊峰の先祖が分家独立して二代目輝貞の馬廻に仕えた。

第二番手指揮官の小頭武者浅井隼馬の指揮を受け、大砲差手方（大砲部隊の組長的役割）として十八人を率いて、緒戦となる砲撃戦を指揮した。その後岩下の戦いは刀鎗による激しい攻防となり、右翼側の西牧川を渡河してきた天狗党に押しまくられ退却に入る。敵の追撃を安導寺の民家に立て籠り防戦していた際に火を掛けられ、浅井新六と共に焼死。

敵の追撃が急であったため、主鈴は大砲を持ち続けること敵わずと判断し、砲は壊し弾薬は焼き捨て使用不能にしている。大砲部隊の長として部下を率いて退却をするのが役目かと思われるが、藩の武器を棄てての退却に家格の意地をかけての討死かと思われる。

大嶋順次郎長著　第一番手別手廻　行年二十九歳
戒名　先鋒院忠烈孝義居士　墓は寺尾町・太白山永福寺
藩の役職　中小姓　禄は銀五枚二人扶持
疵の状況　面部両眼下突疵二ケ所胸板鉄砲疵一ケ所

使役大嶋佐五左衛門長光（高五十石）の長男。沈毅強直で文学を好む一方で武芸に長けた。高崎藩鎗術の御家流鎌宝蔵院流の達人で「鎗の順次郎」の異名をとるほどだった。藩主輝聲公の漢詩の師で側役のような人物であった中小姓内村宜之は従兄弟、宜之の長子でキリスト教宗教家・哲学者の内村鑑三は従兄弟違にあたる。

砲撃が始まると真先に敵陣へ突っ込み、小林幸八率いる龍勇隊の先陣十数人と白兵戦を展開。凄まじい捨て身の気迫に押され敵が引いたところ、追っていると伊勢山麓まで深追いし周りは敵ばかりとなる。十文字鎗を奮って戦うも、目釘が飛んでしまい抜刀して応戦しようとしたところ、面部を鎗で突かれ噴出した血潮で目が見えなくなったところ、銃弾を受け力尽きた。

小泉小源治尚義　第一番手働武者　行年四十六歳
戒名　義顕院戦譽忠道勇進居士
墓は通町・慈光山安国寺（墓地は若田町）
藩の役職　馬廻格　禄は五十石二人扶持
疵状況　胸板鉄砲疵三ケ所

次男の又三郎と共に、一番手、二番手の働武者として出陣。岩下の高崎軍本陣前で十文字鎗を操って奮戦していたところ、又三郎が負傷したとの報が届き、本陣裏の物置小屋に取って返した。小屋の中では又三郎が従軍医師の下條元理の手当を受けていたのでこれを励まし、そこへ、西牧川対岸にいた敵が川を渡ってなだれ込んで来たため、戸口に立ちはだかり応戦した。乱入しようとする敵と激しく渡り合い、しばらく敵を食い止めていたが、加勢に来た敵の鉄砲隊から一斉銃撃を受け壮烈な戦死を遂げた。

相続人の長男敬夫は、旧高崎藩士族の相互扶助として設立し、後に自由民権運動の結社となる「有信社」の中心役を務めている。

二木助五郎直重　第二番手働武者　行年四十八歳

戒名　顔光院中譽剣勇居士

墓は元紺屋町・法道山善念寺

藩の役職　馬廻格　禄は五十石

疵状況　太刀疵

共に出陣し敵陣へ斬り込んだ第一番手働武者の子息、千代之助の身を心に掛けながら、その後を追ったところを数人の敵に囲まれた。十文字鎗を操って激しく斬り結び、暫くは互角に渡り合ったが多勢に無勢で、数カ所の傷を負ってひるんだところ組み伏せられ捕えられた。助五郎は大柄で撃剣に優れていたため、数人の敵を悩ました剛の者であったと敵方が伝えている。下仁田宿の南に青岩河原と呼ばれる景勝地がある。ここは、南牧川と西牧川の合流する地点で、敵軍本陣に近かったので処刑の場所とされた。助五郎は武田耕雲斎の前で我が軍の状況について尋問を受けたのち、他に捕らわれた七名の者と共に、切腹の型をとりながら斬首された。

深井助太郎景命　第一番手働武者　行年十八歳

戒名　武剛院刃忠義節居士

墓は若松町・日宮山光明寺

疵状況　胸板と両足に鉄砲疵三ケ所

第三番手小頭武者深井八之亟景忠（百五十石持鎗奉行席）の長男。宇垣平左衛門から竹林流の弓術を学び得意としていた。ただ一人弓矢を携えて参戦している。岩下の戦いで得意の弓を駆使して敵と応戦、一人巧みに弓を放っていたため敵の攻撃目標となり、銃弾を股に受ける。立って戦えず地面に座り込んで弓を放っていたが、銃弾に胸を撃ち抜かれた。これまでと覚悟し、背中に残った矢を切り折り、弓弦も断ち、鎧を脱いで切腹して果てた。その戦いぶりは敵味方から賞賛された。絵巻物も木像も疱瘡を患った痕が残る容貌が描かれている。

大砲方として参戦した実弟の直次郎景員は、後に高崎小学校校長、高崎幼稚園長を歴任し『下仁田戦争記』を著す。末弟英五は第十三代日本銀行総裁である。

本木祭之助勝従　第一番手働武者　行年十五歳

戒名　顕光院雄兵道英居士

墓は赤坂町・赤坂山長松寺

藩の役職　城番　禄は五十石

疵状況　右鬢より耳迠切疵、右肩突疵四カ所、右脇腹切疵一ケ所、胸板鉄砲疵二ケ所

使役若原七郎兵衛清之（五十石二人扶持）の子に生まれ馬廻格本木金治勝信の継嗣となるが、義父に死に別れ幼少にして家督を相続し出陣した。

岩下の戦いで退却となり追って来た敵に囲まれた。敵は祭之助の姿から少年とみて避けて通ろうとしたが、祭之助が鎗を巧みに操って道を譲らなかったため五人が取り囲んだ。少年と軽んじ甘く見た敵は、祭之助が必死になって鎗で奮戦したため、刀鎗で斬り突かれ銃弾も受け八カ所も疵を受け壮絶な最期となった。十五歳にして頗る美少年にして見事な甲冑に身を固めていたため、「平家の若武者敦盛に似たり」と記されている。その鎗の手練と目覚ましい戦いぶりは天狗党たちも驚嘆し、武田耕雲斎がよく思い出話に祭之助の戦いぶりについて話したという。

筧　閏助重愛　第一番手大砲方　行年三十歳

戒名　義見院忠山俊道居士

墓は赤坂町・赤坂山長松寺

疵状況　頭上切疵一ケ所、右額より頬迠切疵一ケ所、胸板両足鉄砲疵二ケ所

郡奉行深井九十郎三男、使役筧佐五兵衛（十人扶持）の養子となる。大砲隊戦士十二人の一人として岩下の戦いで砲戦中に、熊野山の崖上から敵の銃撃があり両足に被弾し立てなくなる。そこへ西牧川の対岸から敵が乱入して来て白兵戦となった。座ったまま鎗を取って奮戦したが、足をやられ不自由な身では十分応戦できず。退却の命令が出たが断固この場所を退かず、独り敵を引き受けているところを頭上から斬り下され右頬にも太刀を受けた。猶も必死に戦ったが胸に銃弾を撃ち込まれ、これが致命傷となり落命。

武器の大砲は洋式とは言え山砲四門と和式三百匁砲二門に過ぎず、砲撃戦とはならなかったであろう。しかも側面からの不意打ちを受け、大砲方戦士であるが負傷しながら鎗を操っての戦いとなり戦闘地での討死となった。

下條元理順信　　第二番手医師　　行年三十四歳

戒名　宗光院義山映剣居士

墓は羅漢町・羅漢山法輪寺（墓地は江木町）

疵状況　頭上切疵一ケ所

医師下條元修（十九人扶持外銀七枚薬種料）の養子。元治元年の高崎藩医師は元修の他に十一名であった。元理はまだ部屋済みで分限帳にその名は見られない。

高崎軍本陣は下小坂村岩下の名主里見治兵衛邸前に設けられていた。元理は戦端が開かれると里見邸裏の物置で負傷者藩士の手当てをしていた。夫役の亀吉が負傷した小泉又三郎を運び込んで来たので手当てをしていた。敵の庄司与十郎が率いる一隊が西牧川を渡って高崎軍本陣へ攻め込んできた。両軍の激しい白兵戦が繰り広げられ、敵兵は物置にも及び数人が乱入してきた。治療中の元理は鎧を身に着けていたので、戦士か非戦闘員かは見分けがつかない状況であったため、頭上から斬りつけられた。

近藤左平久成　第一番手働武者　行年三十歳

戒名　信領院徳解日進居士

墓は九蔵町・廣布山正法寺

藩の役職　中小姓

禄は七両二人扶持

疵状況　面部右頬より鼻棟迠切疵一ケ所、胸板鉄砲疵一ケ所

外祖父にあたる近藤守約の継嗣となっていたが、藩の主力が常野州へ出陣した後の留守部隊の中にあっては、三十歳の最も働き盛りの働武者として出陣した。先端の発砲を聞くと、大嶋順次郎に次いで内藤儀八と國友辰三郎が突撃すると、第一番手に属していた処、後れを取るなとばかりに敵を追いかけ、下小坂村狐久保まで来たところ、深入りし過ぎて数人の敵に囲まれてしまった。一人で数人を相手取って切り結んだが、鉄砲に撃たれて討死。

戦没者絵巻は、遺族に出陣時の出で立ちなどを聞き取り描いたと伝えられる。左平は働武者として出陣しており、鉄砲を小脇に抱えての姿は解せない部分があるが、相続人が幼年であったからかと思われる。

松下善八忠直　第一番手働武者　行年六十歳

戒名　誠心院有譽直義居士　墓は赤坂町・松隆山恵徳寺

藩の役職　城番　禄は五十石二人扶持

疵状況　咽と頬付疵一ケ所、耳の脇鉄砲疵一ケ所

松下善四郎源忠恕の継嗣にして、幕府から高崎藩に水戸浪士追討の命が下されたとき、胃癌のため床に伏していたと言われる。しかし、武士が戦場で討死するのは本望であると働武者として出陣した。岩下での戦いに高崎軍は敵の三面奇襲攻撃を受け陣立てが崩れ、退却命令で安導寺までに来たところ敵兵に追いつかれ白兵戦となった。善八は鎗を得意としていたので老齢と病にも拘わらず奮戦したが、銃弾を受け、咽や頬を突かれ討死した。戦死者の中では最高齢の六十歳で、病を押し戦場で死することを望んでの出陣につき本懐を遂げたといえよう。

惣領にして養子の忠道が建立した墓石には「方正廉直　自少游於文武之芸尤好槍術　為長尾一学先生入室之弟子　究其秘法」と刻まれている。

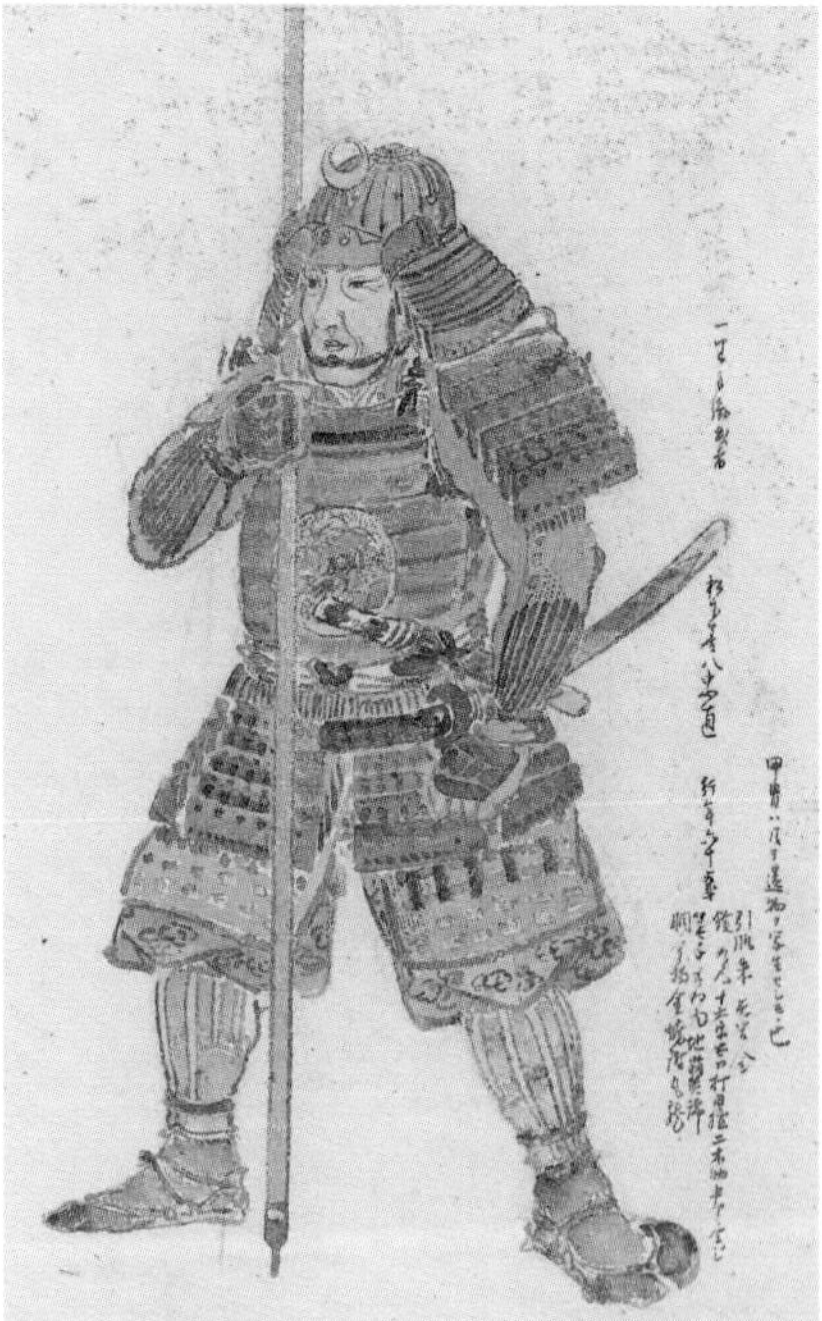

吉田友七郎道寧　第一番手働武者　行年三十九歳
戒名　剣烈院義勇寒山居士
墓は若松町・日宮山光明寺
藩の役職　供小姓　禄は五十石
疵状況　胸板大砲疵一ケ所

　岩下の戦いで敵の奇襲に敗れた高崎軍は安導寺へ退却する。敵は退路を砲撃するため、大砲四門を引き出して中小坂まで進出して来た。殿の友七郎は十文字鎗を持って数人の敵と渡り合いながら、なんとか切抜け敗走しているところ、大砲の直撃を浴び、梅沢峠への入口よりかなり手前の街道で戦死となる。

　戦死者の中で家禄が五十石ほどにして、四十歳前後で旗本である馬廻や供小姓の小源治や助五郎と共に友七郎の三人は、藩主近くに勤める身であり、家名と戦士の意地から奮戦し、最後まで踏み止まって戦ったのであろう。

二木千代之助直勝　第一番手働武者　行年二十二歳
戒名　廣岳院俊英忠誠居士
墓は元紺屋町・法道山善念寺
藩の役職　部屋済み
疵状況　鼻の下右寄り突疵一ケ所
　　胸板鉄砲疵四ケ所

第二番手の働武者として共に従軍した馬廻格二木助五郎の長男。親子、兄弟で出陣した家は多かったが、親子共に戦死したのは小泉家と二木家があった。

戦端が開かれると第一番手戦士であることを名誉として、敵本陣を目指して銃を撃ちながら突撃して行った。敵兵の先陣数人と遭遇し斬り合いになったが、敵の鎗を顔面に受けてしまった。天狗党の戦法は刀鎗で戦端を切るものの最後は銃撃で応戦している。千代之助も他の戦死者と同じく、鎗を受けてひるんだところに一斉射撃を受けている。四発もの銃弾を受けての討死であった。

國友辰三郎美國　第二番手働武者　行年二十七歳

戒名　誠忠院釋刃勇居士

墓は嘉多町・至心山覺法寺

藩の役職　徒士

禄は五石二人扶持

疵状況　面部右眼下突疵一ヶ所

胸板腹部共鉄砲疵四ヶ所

開戦の砲撃を聞くや、梅沢峠から反転して内藤儀八が敵本陣に向かって切り込むと、辰三郎も直ぐに後を追った。朱と黒を混ぜた「うるみ色塗り」の甲冑を纏い、得意の十文字鎗をふるって先陣を切って奮戦中に、天狗党龍勇隊の隊長井田因幡と渡り合いになる。そこで道端の小川に足を踏み外し、川から這い上がるところ顔を鎗で突かれた。しかし、その後もひるまず必死に戦っていたが、鉄砲隊の一斉射撃を胸や腹に受け戦死した。

『高崎藩近世史略』には大嶋順次郎、内藤儀八と共に「先陣の三勇士」と記されている。

内藤儀八勝之　第二番手働武者　行年二十歳

戒名　魏光院忠倫知鑑居士

墓は赤坂町・赤坂山長松寺

藩の役職　部屋済み

疵状況　面部切疵突疵都合十ケ所

右肩切疵突疵各一ケ所、

腹部鉄砲疵一ケ所

数鎗奉行席内藤嘉右衛門雅次の四男。高崎藩家中では誰もが知る強者であった。出陣図は、小野派一刀流の使い手であったが薙刀を武器にした姿となっている。甲冑は金箔の上に透塗をかけた白檀塗りで人目を引くものであった。真っ先に敵本陣を目掛けて切り込み、伊勢山下で敵の先陣龍勇隊数人を相手に白兵戦となり、顔から上半身にかけて手疵を負いながらの奮迅ぶりに敵もひるんだが、銃弾を受けよろめいたところ一刀を浴び討死。戦場図のいずれにも最も下仁田宿に近い地点で討死したと記され、遺族に対する論功扶持を与えるとき、最初にその名が挙げられたことに窺える。敵の野村丑之助は儀八の一太刀が致命傷となり死す。時に十三歳、戦場で死亡した最年少であった。

小泉又三郎尚一　第二番手働武者　行年十六歳
戒名　誠賢院忠譽戦臣雅勇居士
墓は通町・慈光山安国寺
疵状況　胸板と腹部両足共鉄砲疵四ケ所

第一番手働武者小泉小源治の次男。本陣前で佐分利流の九尺柄の大身鎗を使って奮戦していたところ、熊野山からの奇襲攻撃を受け、色鮮やかな緋縅の鎧を纏っていたためか銃撃を足に受けてしまった。動けなくなった又三郎を側にいた人夫の亀吉が背負って、本陣裏の里見家物置小屋に連れて行き、医師の下條元理に託した。しかし、敵の新たな一隊が本陣の西側から西牧川を渡って押寄せ、砲声や刀を交える音が近づき、診療も侭ならない状況となった。そこへ父小源治が駆け付け、命に別条がないことが分かると小屋の前に立ちはだかり敵と応戦。しばらく斬り結んだがやがて討死、敵数人が乱入して来た。座ったまま鎌鎗を持って激しく渡り合ったが、至近距離から銃弾を受け戦死。

高月鎗三郎昌房　第一番手働武者　行年十九歳

戒名　忠林徹宗居士

墓は赤坂町・赤坂山長松寺

疵状況　太刀疵

高月家は松平信綱公に仕え、分家となった信興公の跡を継いだ輝貞公に従って高崎藩士となった家柄で、家禄は五十石、近習中小姓高月重平太源昌邦の三男に生まれた。

弱冠十九歳ながら先陣の三勇士らの後を追って敵軍へ斬り込み、奮戦するも大勢の敵に囲まれ、両腕の骨を折ってしまう。捕らえられ処刑場となった青岩河原に連れ出された。処刑は武士の作法通り切腹となったが、「命を奪わず腕を折っておきながら、今更切腹せよとは何事か、早く首を打て」と叫んだという。若くして、しかも三男の部屋済みであったが、由緒ある家柄に生まれ薫陶を受けていたため、堂々とした最期であった。

渡邊源之助　重　第二番手大砲方　行年三十九歳

戒名　法忠院妙剣日勇居士

墓は九蔵町・西郷山法華寺

藩の役職　中小姓

禄は銀五枚二人扶持

疵状況　鉄砲疵

高崎軍は本陣前に右に一番手、左に二番手の大砲方を配し砲撃戦を開始した。敵方は大砲を八門有していたのに対し、高崎軍は七門と大差はなかったが、いずれも旧式に加え緒戦だけで、砲撃戦による戦死者は四人と少なかった。源之助は大砲方の戦士として、砲撃戦の最中に破片を全身に浴びて重傷を負い、従軍医師の下條元理の手当てを受けた。しかしながら戦闘能力は奪われ、退却命令が出たので同僚の肩を借り鎗を杖にして、昼なお暗い杉木峠を越えて安中方面へ退却していたが、その途中の菅原村（富岡市妙義町）に至ったところで疵が悪化し絶命。退却中の死亡者は渡邊と和田の二名。姓が「源」で諱が「重」の一文字であることからすると、清和源氏の嫡流源頼光の家臣団の一つ渡邊党の末裔と思われる。

和田吉太郎清實　第一番手大砲方　行年二十四歳

戒名　向戦院賢忠勇臣居士

墓は通町・慈光山安国寺（墓地は若田町）

疵の状況　鉄砲疵

五十石近習仲小姓和田重内の長男。高崎軍本陣前に大砲を据えた大砲方の戦士として砲撃に携わっていた。東側から来ると思われていた援軍の小幡藩士ではなく、敵が小幡勢を装って奇襲を仕掛けてきた。

高崎軍はたちまち劣勢になり、加えて西牧川を渡ってからも敵勢が押寄せる三面奇襲攻撃で、退却を余儀なくされた。大砲を壊し弾薬を焼き捨てていたところを狙撃される。安中方面へ退却中に杉木峠を登りきることが出来ず、同僚に戸板に乗せられ運んでもらいながら手当てを受けていたが残念ながら絶命した。

関根榮三郎春継　第二番手徒士　行年十六歳

戒名　眞忠榮勇居士

墓は赤坂町・松隆山恵徳寺

藩の役職　部屋済み

疵状況　面部太刀疵一ケ所

五十石仲小姓竹内瀬左衛門幸民の次男、金五両二人扶持供小姓関根戸右衛門春明の養子。

高崎軍は甲州流の陣形を取り、第一戦には先手足軽が銃を持って並び、榮三郎ら徒士が第二線に刀や鎗と銃を持って続いた。高崎軍の緒戦は優勢であったが、東側熊野山崖上からの銃撃による奇襲、西側からは川を渡って桑畑を横切り襲い掛かられ、高崎軍は戦況不利となり、第一番手小頭武者曾田孫之進は退却の陣太鼓を打ち鳴らさせたが、戦闘中の榮三郎の耳には届かなかった。

そのまま本陣里見邸内において敵兵数人と渡り合ったが次第に押され、裏庭に後退しながら斬り結んでいた際に堀に足を取られてしまった。そこに振り下ろされた刀を顔に受けほぼ即死となった。十代で戦死した五名の一人である。

反町利喜蔵佑之　第一番手甲士徒士　行年五十一歳

戒名　義晃良勝居士
墓は九蔵町・青龍山大雲寺
藩の役職　小役人並　禄は八石二人扶持
疵状況　咽突疵一ケ所、鉄砲疵一ケ所

先手足軽五人の頭である甲士徒士として出陣し、第二線に控え本陣を守っていた。大砲門数での劣勢はあったものの狭い街道に対面した戦いは優勢に推移していた。しかし、三面奇襲攻撃を受けると高崎軍は劣勢に陥り、第一番手小頭武者（隊長）曾田孫之進が退却の陣太鼓を打ち鳴らさせた。高崎軍本陣のある岩下から約一キロ北の安導寺まで退いたところ、追走してきた敵に対し、利喜蔵ほか二十名ほどが殿として踏みとどまり応戦した。緒戦の岩下の戦いが朝四時から八時頃まで二時間にも及ぶ激戦であったが、安導寺の戦いも八時頃から二時間も白兵戦が繰り広げられた。民家を楯に奮戦していたが、高崎軍は劣勢になり、利喜蔵は斬り合いの最中に一斉射撃を受け、動けなくなったところ咽を突かれ絶命となった。

内山金之助久勝　第一番手甲士徒士　行年二十八歳
戒名　戦譽利剣居士
墓は元紺屋町・法道山善念寺
藩の役職　小役人並
禄は八石二人扶持
疵状況　首筋右鉄砲疵一ケ所

五人の先手足軽をまとめながら本陣前に控えていたところ、東側左側面の通称熊野山の崖上から「松平摂津守家中御味方に参上」と叫び小幡藩旗を付けた一隊が現れ、前日の軍議の通り小幡藩が加勢に来たと思ったのも束の間、思いもよらない銃撃を受けた。敵だと気づき、一隊を分けて応戦した。金之助は太刀を抜いて崖をよじ登って行ったが、上から狙われたのでひとたまりもなく、首筋を撃ち抜かれ落下し高札場の前で落命した。

熊野山崖上と街道との落差は十メートルほどある。当時の銃は射程距離が短く命中率も低かった。しかし上から下への射撃により威力は倍増した。崖上からの乱射の跡は高崎藩本陣となった里見邸の土蔵壁に今でも残っている。

高橋榮七温義　第二番手甲士徒士　行年五十八歳

戒名　雄心院徹叟良忠居士

墓は赤坂町・赤坂山長松寺

藩の役職　小役人並

疵状況　右足鉄砲疵二ケ所

高崎軍が梅沢峠から小坂村へ下ろうとしたとき、天狗党の哨兵と先方隊とが遭遇、敵が発砲した銃弾が榮七の足を射抜いた。立って戦うことができず銃で応戦したが力尽き討たれた。

竹内嘉平治勝也　第二番手甲士徒士　行年五十九歳

戒名　釋忠決居士

墓は嘉多町・至心山覺法寺

藩の役職　小役人並　禄は八石二人扶持

疵状況　太刀疵

追撃して来た敵に対し殿として奮戦したが力尽き捕らえられ青岩河原で切腹の形で斬首。

山崎磯平好勝　第一番手足軽目付　行年四十二歳

戒名　一剣風霜居士

墓は下横町・東陽山向雲寺

疵状況　太刀疵

岩下の戦いで、西側の川を渡って押し寄せて来た敵軍と斬り結んだが力尽き取り押さえられる。青岩河原で切腹の形をとり斬首される。

齋藤鐵右衛門朝直　第一番手先手足軽　行年五十三歳

戒名　鐵心雄性居士

墓は九蔵町・青龍山大雲寺

疵状況　面部と胸板鉄砲疵三ケ所

第一線の鉄砲隊として戦っていたところ、熊野山の崖から乱射され、崖下に近い場所に居たため至近距離となり、顔と胸に銃弾を浴びその場にて討死。

河野岩之助正盛　第二番手先手足軽　行年三十二歳

戒名　當岩善鏡信士

墓は下佐野町・大用山光雲寺

疵状況　咽大小砲疵二ケ所

本陣前の第一戦で鉄砲隊として銃撃を行っていたが、右翼側から繰り出して来た敵弾にて討死。

深田彌平次義久　第二番手先手足軽　行年四十五歳

戒名　義暁願法居士

墓は貝沢町・最勝山不動寺

疵状況　面部鉄砲疵二ケ所

通称は「彌平治」とも記されたものあり。戒名も「義岳願法居士」との表記もある。銃弾が致命傷となった一人。

落合傳助正雄　第一番手先手足軽　行年二十九歳

戒名　雄山全忠居士

墓は赤坂町・赤坂山長松寺

疵状況　胸板鉄砲疵三ケ所

熊野山の崖上からの銃撃により陣形が崩れ、鉄砲隊の傳助は弾がなくなり抜刀して応戦しようとしたが、足を滑らせ堀に落ちているところを胸に銃弾を受け戦死。

田上繁蔵重定　第一番手先手足軽　行年五十二歳

戒名　釋忠定信士

墓は嘉多町・至心山覺法寺

疵状況　太刀疵

落合傳助と同じく第一戦の鉄砲隊で、熊野山崖上からの銃撃により足に弾丸を受け、動けなく退却は出来ず刀で戦っていたが取り押さえられ、青岩河原で処刑された。

中村俊達　第二番手出願従軍医師　行年四十五歳

戒名　知徳院人譽然阿俊達居士

墓は山名町・光臺寺

疵状況　太刀疵

山名村の中村俊達は吾妻郡赤岩（六合村赤岩）の湯本彦粛に医学を学び、後に多野郡山名村（高崎市山名町）の医師中村元良に懇望され養子となった。元良に師事し外科は特に優れていたという。胆力があり武術を好んだ。高崎藩の陣容に医師が少ないのを見て、従軍医師として志願した。妻の涙ながらの反対を押し切ってとのことである。本陣裏の物置小屋で他の二人の医師と負傷者の手当てをしていたところ、敵が斬り込んで来たので鎗をとって斬り合ったが、深手を負ってしまい捕らえられる。天狗党本陣に連行され、医師が少ないので同道を求められたが断る。青岩河原で再度降伏を進められたが切腹を望み、自らの手で内臓を掴みだし敵に投げつけた。天狗党の連中は、俊達の胸を割き、その肝をなめ、我等もかくありたいものだと感嘆した逸話が伝わる。

関口定七（左太七）冨久　第一番手別手廻手先　行年四十九歳

戒名　偏譽愍念助給居士

墓は通町・慈光山安国寺

疵状況　太刀疵

武州入谷三島勘太夫の四男で、高崎城下田町の旅籠屋富屋定七。様々な者が宿泊する旅籠は、治安上の情報が入手できることから盗賊などの追補が役目の別手廻の指揮を受け手先として探索等に従事していた。天狗党の動向を探るための間諜として従軍した。定七は商人の姿をして下仁田宿の町中を探っていたところ、町の人間は町外へ逃げて通りには人影がなかったので、巡回していた敵兵に怪しまれ捕えられた。翌日の戦闘が終わった後、他に捕らえられた六人と共に青岩河原において打ち首となった。

定七の死後も旅籠は妻が営み、子供の二代目定七、孫の関口福太郎が引継ぎ、富屋定七旅館は昭和の初めまで田町で続いた。

夫役のうち三名が小坂村で討死。
身分の分け隔てなく慰霊。

徳右衛門　夫役　行年五十歳
戒名　釋思清信士
墓は嘉多町・至心山覺法寺
岩下の高札場際で被弾。

仙蔵　夫役　行年三十五歳　戒名　釋恩道信士
墓は嘉多町・至心山覺法寺　畑中森の際にて被弾。

亀吉　夫役　行年三十五歳　戒名　寂庵剣空信士
墓は若松町・高崎山龍光寺

二、戦没者に対する慰霊

激戦地に慰霊碑を建立

明治二十六年に下仁田戦死者三十年祭が遺族や元高崎藩関係者と、地元の下小坂村の人々によって盛大に開催された。この日に合わせて五月から進められていた慰霊碑建設は、高崎・県内・東京と各地に居住した遺族が連携し、寄付を募りながら揮毫者・撰文者・石匠と交渉し、東京で制作した碑は新町駅まで鉄道で運び、その後は小坂坂峠をはじめ難所のある陸路を運び、激戦地の下小坂村岩下に建立された。

碑の表には「高崎藩士戰死之碑　海舟勝安芳書」

裏には「元治元年水戸藩内訌武田正生等以数千人據要地幕府發兵討之我高崎藩人亦
在遺中　十一月正生等西走將赴京都途過上州　幕府更命沿道諸藩拒之　正
生察高崎藩有備避取間道到下仁田　藩士問之曰巳奉命矣雖封彊之外不可坐
視也　十六日追及焉戰於小坂　短兵急接我兵死者三十六人皆善戰云　今茲
明治癸巳義徒追悼其死爲建碑于此地以修冥福併諗其由後昆
明治二十六年十一月　香亭　中根淑代諸子識
市川　三兼　書」

揮毫・撰文・書・刻字は当代一流

表面の書は江戸城無血開城で知られる勝海舟の揮毫である。この頃の勝は政治の世界から引退していたが、元幕臣ながら従二位伯爵の地位にあった。下仁田戦争当時は旗本勝安房守義邦として軍艦奉行の職にあり、戊辰戦争においては幕府の幕引きに大きく関わった。明治政府では一時海軍卿など要職を務めたが、徳川慶喜をはじめ旧幕臣の処世に尽力していた。そのようなこともあり、下仁田戦役戦没者遺族は、旧幕臣風祭甚三郎氏を通じて揮毫を依頼した。当時の勝は、来訪者面談や揮毫など一切拒絶しており、碑文などの儀は迷惑とのことだったが、再度の要請に「他の事共違い候につき」と七、八文字程度の条件で承諾してもらった。

激戦地跡に建つ「高崎藩士戦死之碑」

撰文についても風祭氏を通じて中根淑に依頼した。中根も元幕臣である。天保十年（一八三九）江戸下谷長者町（台東区上野）に生まれた漢学者・随筆家で号は「香亭」。徒目付として長州征討に従軍、勝海舟の指揮下に入る。乗船した軍艦が防風で銚子（高崎藩の飛地）の黒生浦に漂着したという高崎藩との因縁がある。維新後は陸軍少佐に任命されたが病により辞職。明治十八年（一八八五）から有力出版社「金港堂」の総支配人兼編輯長を務める一方、多くの著書を残している。

裏面の書は市川（市河）三兼。「万庵」と号する著名な書家で、天保九年「幕末の三筆」として名高い市河米庵六十歳の実子として江戸の生れ。幕府に仕え江川太郎左衛門や高島秋帆に洋式砲術を学び鉄砲方となる。海保酔茗に師事し篆刻を学ぶ。明治三年にロンドンで印刷する我国紙弊の文字を担当。顛書・隷書を得意とし下谷池之端で書道塾を開く。維新後は大蔵省に二十四年間務めた。三兼に書を依頼したのは下仁田に縁があったからと思われる。祖父の市河寛斎（儒学者・漢詩人）が上野国甘楽郡磐戸村（南牧村）大塩沢の出身であり、寛斎が婿に入った高橋道斎（多胡碑を世に紹介して知られる漢学者）は下仁田の出身である。

碑を制作したのは東京下谷の石匠廣群鶴で、この石工群鶴は寛政の時代から江戸随一と称されてきた。緒方洪庵や伊達宗城など多くの著名人の墓や頌徳碑を手掛けており、石碑裏面の書を引き受けた市河万庵の父米庵の「米庵河翁寿藏之碑」（日暮里駅前の本行寺）を彫った縁から廣群鶴七世が手がけた。

回忌慰霊祭の開催

節目にあたる五十回忌が、戦後三十年を期し建立された下仁田下小坂の「高崎藩士戦士之碑」前と、高崎城址に建つ頼政神社社頭において盛大に挙行された。このとき、旧高崎藩主大河内子爵と旧藩士の子孫ほか関係者四百十名から約二千円（現在の五千万円くらいか）が寄付され、戦没者慰霊木像を安置する清水寺忠魂堂（田村堂）の新造と、慰霊木像の修復が行われている。

先の大戦を経て人々の思いや価値観が大きく変わり、元治元年（一八六四年）は歴史の一ページになった。昭和三十八年には下仁田戦争百年祭が催された。祭典委員長は温故会（旧高崎藩士末裔などの集まり）会長住谷啓三郎氏（高崎市長）が務めた。祭主として旧藩主大河内輝聲公の孫にあたる輝信氏が次のように祭文を奏上された。

「下仁田戦争百年祭記念式典に当り、旧高崎藩主大河内輝信謹みて戦没者諸子の霊に申し上げます　国破れて山河あり幕末維新の世状を想う時万感交々胸に迫り筆舌に現すことも出来ません　諸子の忠愛の至情は鏑の川水の如く現今に流れ文化国家建設の礎となって居ります　幕末天下の志士或は佐幕を唱え、勤王を唱え、見る所は異なって居りましたが其の尽くす心は国を思う一念につきました　諸子をして原子力時代の今日に在らしめたなら、必ずや其の至誠の情は国家の発展に貢献すること大なるものがあると存じます　当時幕末騒然の渦中で高崎藩は支配地銚子と越後戦争に壮年血気の兵は出陣し高崎城内には留守を預る老少年の藩士のみでありました　水戸浪士は百戦錬磨の武田耕雲斎を主領に、文武両道に通ずる藤田小四郎を参謀長とする所謂天狗党と称する勇猛天下に名の高い八百人の軍勢でありました　之を迎え討つ我が藩士は少数の兵を以って奮戦苦闘　衆寡敵せず敗陣の止むなきに到ったのであります　真に残念至極でありました　まこと、幕命藩命に依るとは云え、若きは十五、六歳、上は六十歳余の方々を此処小坂の山野に散華いたさせました事は　大河内当主輝信として諸子は勿論、御遺族の方々に対し申し訳なく追慕の情又新たなるものが御座居ます　本日は親しく其の祭典に列し聊か蕪辞を捧げて諸子在天の霊をお慰め申し上げます」

大河内輝信様は、下仁田戦役時の社会情勢について、「佐幕か勤王か」は立場の違いがあっても国を思う心は一つであり、今日に生まれて居れば彼らの至誠は国家の発展に必ず貢献するであろうと、時代の為せる業と捉えられている。父君の輝耕様も太平洋戦争の最中に、リベラリストとして左右両翼にわたって急進性を持たれていた。そして、終戦後に華族制度廃止を大局的見地から演説され人々の涙をさそったと言われる。父君の薫陶を受けておられたのであろう。天狗党との戦闘について冷静に捉えておられたが、幕命や藩命により命を落とさせてしまったことについては、大河内家の当主として「申し訳ない」とおっしゃられた。時は経ているが遺族末裔にとっては心が晴れるお言葉と思ったであろう。

高崎藩関係者の繋がりが薄れた今日ではあるが、遺族末裔と関係者により、十月には田村堂の参拝、十一月十六日には下仁田「戦死者之碑」前で慰霊祭が実施されている。

慰霊木像安置の清水寺田村堂

戦いの後、観音山清水寺住職の田村仙岳師が、藩関係者や戦没者遺族らと遺体を引き取りに下仁田へ出張った。仙岳師は自ら誦経して供養し諸家に乞い「肖像を刻して永く之を弔う」（堤金之亟の長男寛敏記『下仁田戦争記』）とし、木像を創造し忠魂堂を建立し納めた。

清水寺は大同三年（八〇八）征夷大将軍坂上田村麻呂が、蝦夷征伐での戦死者の冥福を祈るため、京都清水観音を勧請したと伝わる真言宗豊山派の寺院である。遺体引取に仙岳が出張ったのは、住職を務める清水寺が高崎城の祈願寺で高崎藩に出入りしていたためである。仙岳師時代の忠魂堂と慰霊像は、四十数年の風雪のため痛みが酷くなり、後の住職鈴木隆應師が小修繕を加えて来た。しかし、大正三年の五十年祭を控え清水寺を詣でた旧藩士らが荒廃の甚だしさに愕然とし、遺族らと協議して堂宇の再築と、慰霊木像の修繕と追造を行うこととした。

木像創造当所から遺族の間ではその像の武具着装など真を欠くという不満があったという。正鵠を記して完成させたいとの希望から遺物の調査が行われ、遺族によっては既に絵師に描かせた肖像画があるものはそ

清水寺境内に建つ田村堂（高崎市）

れから、遺品があるものはそれを写し、また、存命し実際に見た人から記憶を集め水原恕洗が画像とした。具足の着用、太刀等の佩用、草鞋の履き方など全て藩の定めに従って写した。堂宇は高崎市末広町の大工熊野清七が請負い、田村麻呂将軍の木像を安置していることから田村堂と命名された。木像は木彫師後藤仙之助（東京浅草の住人と伝わる）の手による。その後は手が入らないまま九十年もの時が過ぎ、欠損や絵具が剥げたりしたが、百四十年回忌の記念事業として補修を行った。

身分の差を超え似せた姿に

慰霊木像は次のような特徴がある。一つは、江戸時代以上に身分差別が大きかった明治初期に、上士、下士、民間人の区別なく合同して慰霊していることである。勿論遺骨はそれぞれの菩提寺に葬られたが、遺体引取に戦場に同道した清水寺住職田村仙岳師が、戦死者の多くが未成年の者や下士、そして荷役等で徴用された農民たちで、これらの人々を不憫に思い合同して慰霊することを遺族や旧藩士に理解を求めたからであった。

もう一つは、一体一体が出陣したときの武装で顔も似せていることである。群馬県下にも全国にも、戦死者を慰霊する像を安置している寺院等があるが、三十六体もの人物像が出陣時や戦う最中の姿を写したかのように制作されているものは稀である。慰霊祭の際に、遺族以外の関係者にとって、当時を偲びながら手を合わせることが出来たであろう。

岩上主

内山金之助

仙蔵
亀吉
落合傳助

【参考文献】
［高崎藩関係史料］
堀江不可止『小坂戦争記』一八七九年
堤寛敏『下仁田慰霊碑建設』一八九三年
深井景員『下仁田戦争記』一九一〇年
寺田五右衛門『甲子筑波遺中日記』一九一二年
原教『高崎藩近世史略』一九一三年
石原應恒『下仁田戦争感想録』一九三四年
深井寛八『旧高崎藩概誌』上毛郷土史研究会、一九四〇年

［図録・報告書］
『下仁田戦死者五拾年祭典會報告』下仁田戦死者五拾年祭典會、一九一四年
『幕末の上州』群馬県立歴史博物館、二〇〇二年
『常陽藝文』「天狗党挙兵と元治元年の動乱」常陽藝文センター、二〇〇五年

［自治体史］
『茨城県史　近世編』茨城県、一九八五年

『茨城県史料　幕末編Ⅲ』茨城県、一九九三年
『水戸市史　中巻五』水戸市、一九九〇年
『勝田市史　中世編近世編』勝田市、一九七八年
『那珂湊市史　近世』ひたちなか市、二〇〇八年
『潮来町史』潮来町、一九九六年
『笠間市史　上巻』笠間市、一九九三年
『下妻市史　中』下妻市、一九九二
『土浦市史』土浦市、一九七五年
『結城市史　第五巻近世通史編』結城市、一九八三年
『古河市史　通史編』古河市、一九八八年
『佐倉市史　巻２』佐倉市、一九七三年
『宇都宮市史　第６巻近世通史編』宇都宮市、一九八二年
『新編埼玉県史　通史編４近世２』埼玉県、一九八九年
『行田市史　下巻』行田市、一九六四年
『群馬県史　通史編４近世政治』群馬県、一九九〇年
『新編高崎市史　通史編三近世』高崎市、二〇〇四年
『太田市史　通史編近世』太田市、一九九二年

『伊勢崎市史　通史編2近世』伊勢崎市、一九九三年
『渋川市誌　第二巻通史編上』渋川市、一九九三年
『相良町史　通史編上巻』相良町、一九九三年
『相良町史　資料編近世一』相良町、一九九一年
『新潟県史　通史編5　近世三』新潟県、一九八八年
『高梁市史（増補版）下巻』高梁市、二〇〇四年
『鳥取県史　第3巻（近世政治）』鳥取県、一九七九年

［事典・雑誌］
『新訂増補國史大系　續徳川實紀第四編　昭徳院殿御實紀』吉川弘文館、一九九一年
『地域雑誌谷中根津千駄木其の四十二』「廣群鶴と谷中の石屋」一九九五年
『寛政譜以降旗本家百科事典　一～六巻』小川恭一　東洋書林、一九九七～八年
『徳川幕府事典』竹内誠編　東京堂出版、二〇〇三年

［著書・論文］
佐藤隆一『幕末期の老中と情報　水野忠精による風聞探索活動を中心に』思文閣出版、二〇一四年

野口武彦『幕府歩兵隊　幕末を駆けぬけた兵士集団』中公新書、二〇〇二年
野口武彦『長州戦争　幕府瓦解への岐路』中公新書、二〇〇六年
近松真知子『幕府制度の研究　開国以後における幕府職制の研究』吉川弘文館、一九八三年
入野清『幕末残り火燃ゆ　桜田門外の変後の水戸藩と天狗党の変』歴史研究会出版局、二〇一四年
小山朝弘編『常野戦争誌略』小山朝弘、一八八八年
粉川幸男『水戸藩の崩壊』粉川幸男、一九九一年
高橋裕文『幕末水戸藩と民衆運動』青史出版、二〇〇五年
横瀬夜雨『天狗騒ぎ』改造社、一九二八年
中川保雄『古河藩幕末史　佐幕派の蹉跌』中川保雄、一九八九年
徳田浩淳編『宇都宮藩史史料』柏書房、一九七一年
山本博文『お殿様たちの出世　江戸幕府老中への道』新潮選書、二〇〇七年
塚越俊志「横浜鎖港問題をめぐる水戸藩閥のネットワーク」（『京浜歴科年報』、二〇一七年二月号）
原口清「幕末政局の一考察」（『明治維新研究第一号』明治維新史学会、二〇〇四年）
跡部眞「水戸天狗党の首領武田耕雲斎」（『歴史研究第４７９号』、二〇〇一年）
宮澤正純「藩内抗争と天狗党の乱」（『日本主義№９春号』、二〇一〇年）

あとがき

当時の立場に立って、また、現在での視線も加味しながら、「何故」の思いで調べ進めた。調べるほど深みにはまり、その結果、収拾がつかなくなり当初の考えからは内容が随分と膨れ上がってしまった。史料に基づいた論考としたいとする一方で、下仁田戦争をご存じない方を意識し分かり易さを心がけたため、二兎を追う結果となってしまったが、まずは自分の代で集約本が出来たことに細やかな喜びを感じている。

高崎藩に対する心のトゲが取れたことも満足である。高崎藩は幕府の藩屏を藩是としながらも、正鵠を得た状況分析による意見具申を行い、追討命令に対し正論を主張し幕命を撤回させている。決して貧乏くじだけではなかった。また、高崎藩の先遣隊が下妻で夜襲を受け逃げたことで藩主が「右京様は卑怯様」と揶揄されたのは、後日のオーバーなゴシップ談だということも分かった。全体を通し、武士道が貫かれていたのである。

何よりも書籍化の過程で発見した大河内輝信様（最後の藩主松平輝聲公の孫）の祭詞によって、天狗党事件と高崎藩について歴史上の出来事として臨めるようになった。輝信様が、下仁田戦争百年祭で「佐幕を唱え勤皇を唱え見る所は異なっていたが、その尽くす心は国を思う一念からであり」「諸子が今日いたなら必ずや其の至誠の情は国家の発展に貢献すること大である」と奏上された。残されている祭文を改めて拝読し、恩讐を越え下仁田戦役を歴史として捉えて下さったことを知ったからである。筆者の天狗党事件に対する気持ちは、先祖が下仁田戦争で戦った「敵」との思いであったが、大河内のお殿様のお言葉により、歴史上の出来事として、天狗党事件と高崎藩について後世に残す気持ちにさせていただいた。

このように、歴史上の出来事として執筆したが、第十章の「戦死者と慰霊」は付記のような形で加えた。序章から第九章までと少々趣を異にしており違和感があるかもしれない。この部分については、高崎藩士の末裔であり、曽祖父を戦死で失ったものとして戦没者を慰霊するため設けた。また、先人が築いてくれた慰霊碑や施設等の建立経緯と、慰霊祭を続けて来てくれたことへの思いを残したかった。

本書の発刊にあたっては、研究発表の都度ご指導いただいた和泉清司高崎経済大学名誉教授と研究室の皆さん、高崎藩士戦死之碑を守りながら資料提供並びにご指導くださった里見哲夫先生には大変お世話になりました。元茨城大学理事の影山俊男さんには、常陽銀行員時代からのお付き合いに甘えて茨城のことを色々教えていただき助かりました。また、出版に際し拙文を辛抱強く読み通し、様々なアドバイスを下さった上毛新聞赤石知子部長に感謝しております。本書が遺族会の皆さんは勿論、天狗党事件と高崎藩に関心をお持ちの方への史料提供となり、かかる見方もあるのかと伝えられれば幸甚であります。

令和二年十一月　下仁田戦役命日を前に

堤　克政

著者略歴

堤　克政（つつみ・よしまさ）

一九四三年、高崎市生まれ

群馬県立高崎高等学校、慶應義塾大学法学部法律学科卒業

高崎経済大学大学院地域政策研究科修了

群馬銀行、群馬銀行健康保険組合勤務

高祖父堤新五左衛門順美が高崎藩大河内松平家家老、

曽祖父堤金之亟克寛が下仁田戦役で戦死の因縁から、

頼政神社氏子総代、大信寺総代、下仁田戦役戦没者遺族会代表

高崎の歴史を学び継ぐ「高崎史志の会」理事

著書　『ちょんまげ時代の高崎』（あさを社）

　　　『ざんぎり頭の高崎』（あさを社）

受賞　平成三十年度「高崎市文化賞」

天狗党事件と高崎藩

二〇二〇年十一月十六日　第一刷発行

二〇二一年二月二十八日　第二刷発行

二〇二二年二月一日　第三刷発行

著　者　堤　克政

発　行　上毛新聞社出版部

〒三七一－八六六六　前橋市古市町一－五〇－二一

電話　〇二七－二五四－九九六六

ファクス　〇二七－二五四－九九六五

印　刷　上武印刷株式会社

ISBN978-4-86352-268-8　C0021